新版

聞いて覚える
話し方

New edition Speaking Skills Learned through Listening Japanese "Live"

日本語生中継

中~上級
Upper-Intermediate & Advanced Level
JLPT
N2以上

ボイクマン総子
宮谷敦美
小室リー郁子

くろしお出版
Kurosio

はじめに ―改訂にあたって―

本書の初版は2004年に刊行されました。当時、日本語教育の現場では、「聞く」、「話す」というスキルをそれぞれ単独で（あるいは片方を集中的に）扱うことが多かったという現状がありました。しかし「聞く」と「話す」が連動する活動であることを考えると、一方的に聞いて、その話題や内容が理解できているかを問う練習だけでは、「聞いて話す」能力を十分に養うことができません。「聞いて話す」能力の養成のためには、聞き手と話し手が交替する過程で、相手が述べた情報を正確に聞き取り、相手の意図や感情を正しく理解した上で、次に、自分の言いたいことを相手に誤解されることなく伝えることのできる能力、すなわち「やりとり」の能力が必要です。そのため、『日本語生中継』シリーズでは、「聞いて話す」場面で、話された情報を正確に理解するだけでなく、話し手の意図や感情も正しく理解できるような練習問題も用意し、さらに、会話の相手や場面によって、話し方をどのように調整すればよいのかも学べるようにしました。

現在では、この「聞いて話す」能力、すなわち、「やりとり」能力は、言語教育の現場で一般に周知されています。例えば、CEFR（Common European Framework of Reference for Languages：外国語の学習・教授・評価のためのヨーロッパ言語共通参照枠）においては、言語活動を「話すこと / 書くこと全般」の「産出」、「聞くこと / 読むこと全般」の「受容」とは別に「やりとり」という言語活動がたてられています。しかし、初版『日本語生中継』発売当初、日本語教育の現場ではこの「聞いて話す」能力の重要性はそれほど浸透しておらず、いわば新しい概念でした。

さて、言語活動としての「聞いて話す」能力の養成の重要性は現在では浸透してきたものの、本シリーズは初版の発売から20年近く経ち、テキストの話題や場面が古くなってしまいました。そこで、この新版では、初版の一部を改訂するのではなく、時代に合わせ、話題や場面を全面的に刷新することにいたしました。さらに、これを機に、本書では、初版の重要表現を一から見直し、整理しました。加えて、新しくなった重要表現を、直接的に、そして、段階的に練習できるよう練習問題を作成し直し、それらにスクリプトと音声もつけました。

初版発売当初から、『日本語生中継』シリーズは、多言語による単語訳やスクリプトをつけるなど、独学でも学習できるような対応を行ってきました。本書では、この対応をさらに充実させ、単語訳だけでなく、聞き取り練習Iと聞き取り練習II、および、ポイントリスニングのスクリプトの全文に、英語、中国語、韓国語、ベトナム語の訳をつけました。なお、これらの訳は、WEB上で公開されています。

このように全面的に内容が新しくなった本書では、聞いて話す能力を伸ばすことがさらに容易になるよう工夫しました。なお、本書は、著者３名の話し合いをもとに、各自がそれぞれ担当の課の原案を作り、討議を経て原案を加筆修正し、最終原稿に至りました。

末筆になりましたが、くろしお出版の市川麻里子さん、金髙浩子さんには、大変お世話になりました。心よりお礼を申し上げます。

2022年9月　著者一同

目　次

このテキストについて

▶目的と特徴

このテキストは、会話場面におけるリスニング能力を高め、場面に応じて適切に話す能力を身につけることを目的に作られています。

リスニングには、ニュースや講義、講演を聞くといった一方向のリスニングと、話し手と聞き手が交互に入れ替わる会話を聞くリスニングがあります。毎日の生活を振り返ると、私たちが行っているリスニング活動は、話すことと聞くことが同時に求められる会話場面でのリスニングが非常に多いことがわかります。その場合、聞き手と話し手が交替する過程で、相手が述べた情報を正確に聞き取り、相手の意図や感情を正しく理解した上で、次に自分の言いたいことを相手に誤解されることなく伝えることのできる能力、すなわち、やりとりの能力が必要です。このテキストでは、タイトルの『日本語生中継』が物語っているように、現実の会話場面を再現した生き生きとした会話の聞き取りをすることで、やりとりの能力を伸ばすことができるよう、構成されています。

具体的には、次の表で示すような構成になっており、各セクションの目的は以下の通りです。

①	多様な人間関係と状況を設定したスキットを聞き取ることを通して、用いられる表現や話の流れが人間関係や話の場、話す内容によって異なることを理解し、**人間関係や場面に応じた表現の使い分け**を意識化させます。	**聞き取り練習 I**
②	会話の聞き取りだけでなく、第三者に様々な場面を出来事として語るという「語り」の聞き取りをし、その語りから**話し手の発話意図や感情**を正しく理解する練習を取り入れています。	**聞き取り練習 II**
③	単文を聞き取り、その**表現意図が正しく理解**できているかを確かめる練習をします。単なる質問をしているのか、それとも苦情を言っているのかなど、特にイントネーションによって表現意図が変わる場合の聞き取り練習ができます。	**ポイントリスニング**
④	**機能別の重要表現**とそれにそった練習問題、ロールプレイを取り入れることにより、会話の中で「聞いて話す」**会話能力の養成**を目指します。	**重要表現, 練習問題, ロールプレイ**

▶対象者　**日本語能力試験 N2 以上／ CEFR　B1 ～ B2 程度**

① **日常の基本的な出来事については日本語で用を足すことができるが、 自分の感情や意見を詳しく説明したり、 相手によって話し方をうまくコントロールしたりすることができない中級以上の日本語学習者**

② **日本語に関する知識は豊富だが、 日本社会で使われているような自然な日本語 （特に、くだけた表現） に慣れていない上級レベルの日本語学習者**

▶全体の構成

このテキストは、課ごとに中心となる機能を設定しています。場面、内容、人間関係等によって、同じ機能であっても用いる表現や話の進め方が違うことを意識化させるために、いろいろな場面の会話を提示しています。

第１課	伝言	第５課	依頼・指示
第２課	勧誘	第６課	文句・苦情
第３課	許可	第７課	提案
第４課	確かな情報・不確かな情報	第８課	感想

これらのメインの機能の他に、この機能が用いられる会話場面で共に使われることが多いと考えられる機能を数種類取りあげました。

▶各課の構成

■こんなとき、どう言いますか

ウォーミングアップの部分です。まず、過去の経験を思い出したりして、課で取りあげている場面で自分がどのように行動するかを考えます。音声を聞く前に、会話の場面に関する知識を活性化させることが目的です。

また、それぞれの課で取りあげた機能表現のうち、初級や初中級段階で既に学んでいると考えられる表現を取りあげ、それらの表現が十分理解できているかどうかを確認します。

■聞き取り練習Ⅰ

聞き取り練習Ⅰは、「会話」を聞くタスクです。聞き取り練習Ⅰは、５〜６のスキットがあり、それぞれ、登場人物の人間関係、話されている場面（公的なものか、プライベートなものか、等）が異なっています。聞き取りタスクは次のような順序になっています。

問題１：場面や話している人たちの人間関係、話されているトピック、話の結果（大まかな内容）について聞き取る。

問題２：細かい内容について聞き取る。

問題３：ある機能についてどのような表現が用いられているのか、表現のバリエーションを聞き取る。ただし、ここでは話された内容を一言一句もらさずディクテーションするのではなく、どんな表現が用いられたのかだけ聞き取れればいいとする。また、同じような場面で使える他の表現も考える。

問題に取り組むときには、なぜそのような答えになるのかクラスで話し合いましょう。場面に応じた表現を使うことを常に意識することにより、相手や状況に応じてことばを使い分ける能力が養成されるでしょう。

■聞き取り練習Ⅱ

聞き取り練習Ⅱは、「語り」の聞き取りが中心です。ここでは、主に課の機能に関わる出来事について第三者に経験として語っている話を聞き取ります。例えば、苦情を述べたこととその顛末、そのときの気持ちを他の人に伝えるというような場面です。聞き取り練習Ⅱのタスクには、内容についての聞き取りだけでなく、話し手の意図や感情を考える設問、その後の話し手の行動、あるいは聞き手が後にとるべき行動を学習者に考えさせる設問もあります。このような練習によって、話し手の意図や感情を正しく理解する力と自分の気持ちを正確に伝える力が身につくことでしょう。

■ポイントリスニング

単文レベルの聞き取りタスクです。イントネーションの違いや表現の細かな違いによって、表現意図が異なってしまうものを中心に聞き取る練習を行います。

■機能別の重要表現

ここでは、それぞれの課で取りあげた機能の重要表現とそれにそった練習問題が提示されています。重要表現は（Tシャツマーク）と（ネクタイマーク）にグループ分けされています。Tシャツマークは、友人と喫茶店で話すなど、カジュアルな場面で主に使う表現、ネクタイマークは会社で上司と話すなど、フォーマルな場面で主に使う表現であることを示しています。

友人であれば必ずの表現が使われるわけではなく、会議などのフォーマルな場面では、の表現は使いませんし、上司と話す場合でも、会社が終わってプライベートな場面では、それほどフォーマリティーの高い表現は要求されません。つまり、人間関係だけでなく、場面やトピックによってもどちらの表現を用いるのが適切かは異なるわけです。このテキストでは、大きく二つの場面とに分け、表現を提示していますが、教室では適宜、補足説明を加える必要があります。

■ロールプレイ

最後にまとめとして、ロールプレイをして話す練習を行います。音声では、スキットの一部分のみを聞くことが可能なものもあります。したがって、聞き取り練習Ⅰのスキットを途中まで聞かせ、会話の状況を確認した後、続きの会話を作り上げるという練習も可能です。このような練習を2種類提示しています。

また、これ以外に、カジュアルな場面とフォーマルな場面のロールプレイタスクも提示しています。こちらについては、学習者が実際に遭遇するような場面になるよう、修正を加えて練習してください。

■別冊〈スクリプト・単語表・解答〉

別冊の解答には、こんなとき、どう言いますか、聞き取り練習Ⅰ、聞き取り練習Ⅱ、ポイントリスニングの解答が載せてあります。問題によっては、答えが一つではないものもありますので、目安としてお使いください。

また、振り仮名つきのスクリプトと単語表の各国語訳（英語、中国語、韓国語、ベトナム語）もあります。

■ WEBサイト

『日本語生中継 WEBサイト』には以下のものが載せてあります。自学自習にも役に立ちます。

① 音声

② スクリプトの翻訳（英語・中国語・韓国語・ベトナム語）

https://www.9640.jp/japanese-live/

▶学習者の皆さんへ

『日本語生中継』は、タイトルが示しているとおり、身近な場面で話されている日本語の会話をそのまま再現しました。

上級クラスで日本語を学んだのに、日本人と自然な会話ができないと感じている人や、友達や先輩と居酒屋で話すとき、アルバイト先の店長と話すとき、面接のときなど、いろいろな会話の場面で、表現をどのように使い分ければいいかわからないと感じている学習者の皆さんに、ぜひ、使っていただきたいと考えています。

このテキストは、クラスで使うことを前提に作りましたが、一人で学習することもできます。別冊には、単語の翻訳（英語・中国語・韓国語・ベトナム語訳）と振り仮名がついたスクリプトがありますし、WEB サイトには、スクリプトの翻訳があります。

▶教師の皆様へ―― 授業での使い方のヒント

①リスニングとスピーキング、両方の能力の養成のために用いる場合

「各課の構成」に書いてある順序でこのテキストを用いると、「聞いて話す」能力をバランスよくつけることができます。**➡1 課の学習時間の目安＝ 180 分程度**

②リスニングに重点をおいた場合

こんなとき、どう言いますか、聞き取り練習Ⅰ、聞き取り練習Ⅱ、ポイントリスニングを行い、その後で、わからない表現がないか、重要表現を確認するという手順で練習します。

➡1 課の学習時間の目安＝ 120 分程度

③スピーキングに重点をおいた場合

聞き取り練習Ⅰ、聞き取り練習Ⅱ、ポイントリスニングは、事前課題にします。教室では、聞き取り練習Ⅰのそれぞれのスキットの内容を、当事者ではない立場から他の人に語るという練習をすることも可能です。また、当事者として感想を付け加えながら話す練習もできます。このようにすれば、「語り」の練習ができます。

聞き取り練習Ⅱについても、自分自身の感想を加えながら話の内容を語ってもらう練習を行うと、意見や感想を述べる練習ができます。その後、重要表現の解説をし、場面に応じた表現の使い分けについて練習した後、その課の機能を用いてロールプレイを行います。ロールプレイの内容については、学習者に考えてもらうなど、工夫すれば、授業がより生き生きとしたものになるでしょう。**➡1 課の学習時間の目安＝ 120 分程度**

④ディスカッションのリソースとして

このテキストで取りあげたトピックは、日本事情のトピックとして使えるものが数多くあります。聞き取りタスクから、ディスカッションに発展させることも可能です。第２課「仕事以外での職場の人とのつきあい」、第３課「中高生のアルバイト、若い世代の仕事に対する考え方」、第５課「地域住民の助け合い」、第６課「苦情を言うか言わないか」、第７課「子どもを夏休みに田舎に住まわせること、環境問題」、第８課「転職、フリーター、残業、女性の昇進、大学生の就職活動」など。

※『新版 日本語生中継 中～上級 教室活動のヒント & タスク』は別売りです。

LESSON 1

「今、いないんですけど」ー伝言ー

電話にメッセージを残したり、人に伝言を頼んだりする時、
困ったことはありませんか。

こんなとき、どう言いますか

①〜⑤は携帯電話に入っていたメッセージです。誰に、何について話していますか。

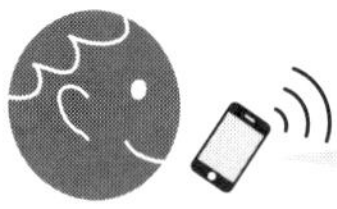

① 美保子だけど。メッセージも送っといたんだけど、電車一本乗り遅れちゃって、10 分ぐらい遅れそうなんだ。ごめんね。

② あの、ビックミュージック山田店です。ご注文いただいた CD の件でお電話いたしました。また後ほどお電話させていただきます。

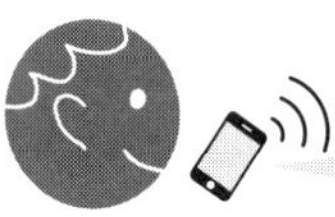

③ あのさ、風邪引いたから、今日授業休もうと思ってるんだけど。橋本先生に、そう言っといてもらえる？　メールもしてあるんだけど、あの先生、あんまりメールチェックしないから。

④ もしもし、ビック電気です。いつもお世話になっております。あのう、お預かりしているプリンターですが、修理が終わりましたので、明日以降午前 9 時から午後 8 時までの間でしたら、いつでも取りに来ていただいてけっこうです。

⑤ インターナショナル商事の山本です。先日の新製品の価格の件でお話ししたいんですが…。このメッセージをお聞きになりましたら、折り返しお電話いただけますでしょうか。

① {　友人　・　上司　} に ＿＿＿＿＿＿＿＿＿＿＿＿ について話している。
② {　店　・　客　} に ＿＿＿＿＿＿＿＿＿＿＿＿ について話している。
③ {　友人　・　教師　} に ＿＿＿＿＿＿＿＿＿＿＿＿ について話している。
④ {　店　・　客　} に ＿＿＿＿＿＿＿＿＿＿＿＿ について話している。
⑤ {　取引先　・　上司　} に ＿＿＿＿＿＿＿＿＿＿＿＿ について話している。

聞き取り練習 I

スキット① 1　スキット② 2　スキット③ 3　スキット④ 5　スキット⑤ 6

問題1 スキットを聞いて、次(つぎ)の質問について答えてください。
(1)誰(だれ)と誰が、(2)何について話していますか。

(1) 誰と誰？　ア. 友人同士(ゆうじんどうし)　イ. 同僚同士(どうりょう)　ウ. 母親(ははおや)と教員(きょういん)　エ. ある会社の社員(しゃいん)と他社(たしゃ)の社員

(2) 何について？　a. 領収書(りょうしゅうしょ)　b. マンガ　c. 今日欠席(けっせき)する　d. 注文(ちゅうもん)の本

	(1) 誰と誰	(2) 何について
①		
②		
③		
④		
⑤		

一度聞いてわからなかった人は、次(つぎ)の言葉(ことば)を確認(かくにん)してからもう一度聞きましょう。

①	②	③	④	⑤
統計(とうけい) 配布物(はいふぶつ) 市販薬(しはんやく) 遠慮(えんりょ)なく～	印刷(いんさつ) みやこだ出版(しゅっぱん) あいにく（席(せき)を外(はず)している） 席を外す ご用件(ようけん)は？ 部数(ぶすう) 変更(へんこう) 念(ねん)のため	まじ 袋(ふくろ) ちゃんと謝(あやま)る	担任(たんにん) 昨夜(さくや)	外回り(そとまわ) 急ぎ （～を）処理(しょり)する はんこ （～が）抜(ぬ)ける （～と）連絡(れんらく)がつく 総務(そうむ)（課(か)）

問題2 もう一度スキットを聞いて、正しい内容を選んでください。

① リサは、先生に授業を休むことをメールしたが、［a. 先生から返事がない／b. 先生が授業前に見ないかもしれない］ので、カレンに伝言を頼んだ。リサは、［c. 病院に行ったほうがいい／d. 薬を飲んだら治る］と思っている。

② ヤマト印刷の神崎さんは、今［a. 会社にいない。／b. 会社にはいるが電話に出られない。］

岸田さん（取引先の男性）は、女性社員に［c. 自分の名前と電話番号／d. 自分の名前と電話番号、そして本の注文部数］を伝えた。あとから、［e. 神崎さんが／f. 岸田さんが］電話をかける。

③ 優平は、何時にクリスのところに行くか［a. 前もって伝えずに／b. 前もって伝えてから］クリスに会いに行った。

クリスが帰ってきたら、マシューはクリスに［c. 優平のことは何も言わない。／d. 優平がメールを送っていることを伝える。］

④ 女性は、息子が［a. 今朝熱があるので／b. 昨日から熱があるので］今日は学校を休ませたいと思っている。

女性が話しているのは、［c. 息子の担任の先生だ。／d. 息子の担任の先生ではない。］

⑤ 白川さんが話をしたい河合さんは、［a. 朝会社に来ていたが、今いない。／b. まだ会社に来ていないが、夕方には来る。］

白川さんは、［c. 午後までに／d. 会議までに］河合さんに連絡を取りたがっているので、

赤井さんが河合さんに［e. メールをする／f. 電話をする］ことになった。

問題3 電話をかけた人、あるいは訪ねてきた人は、話したい相手と直接話すことができません。そこで、①②③⑤では、対応した人は自分はどうすると申し出ましたか。もう一度スキットを聞いて書いてください。また、スキットの表現以外に、どんな言い方が適切か、クラスで話し合いましょう。

問い① 1　問い③ 4
問い② 2　問い⑤ 7

	何を申し出ましたか	同じような相手と場面で 他にどんな言い方ができますか
①		
②		
③		
⑤		

聞き取り練習 Ⅱ

スキット① 8　スキット③ 10　スキット⑤ 12
スキット② 9　スキット④ 11

問題1 留守番電話の伝言を聞いて、電話を受けた人が伝言を聞いた後、何をすべきか書いてください。何もしなくていいものもあります。

	すべきこと
①	
②	
③	
④	
⑤	

一度聞いてわからなかった人は、次の言葉を確認してからもう一度聞きましょう。

①	②	③	④	⑤
留守番電話	念のため	無事(に)	動画	大学に合格する
(～に)接続する	留守電(留守番電話)	チェックイン		半分(あきらめていた)
発信音	山手線	出発する		(～に)受かる
さっきから	(～が)動き出す	留守中		(～を)応援する
(～を)ちょうだい	デスク			近いうちに

問題2 電話をかけた人は、何を伝えるために電話をしましたか。a.、b. どちらか選んでください。

① a. 今から帰ること。
　b. 早く約束の場所に来てほしいということ。

② a. 会議に間に合わないということ。
　b. 会議のための資料を作ってほしいということ。

③ a. どんなおみやげがほしいか教えてほしいということ。
　b. 無事チェックインができたということ。

④ a. 花火をいっしょに見ようということ。
　b. 花火がきれいだということ。

⑤ a. 大学に合格したこと。
　b. 近いうちに会いに行くということ。

ポイントリスニング

ポイントリスニング 13

誰がこの電話の後に、次の電話をかけますか。✔を書いてください。

	①	②	③	④	⑤	⑥	⑦	⑧
今話している人								
聞いている人								
他の人								

重要表現

不在であることを伝える

例 (1) 神崎は**あいにく**、会議中で**席を外しているんですが**。 (練 I-② 他の会社の人に)

(2) 今、外回り**みたいですね**…。夕方には戻る**ようですが**…。 (練 I-⑤ 同僚に)

今、いない**よ**。

今、外出中**なんだよね**。

図書館に行く**って／とか言ってたよ**。

今、部屋にいない**みたいなんだけど**。

今、昼休み中**で／でして**。

あいにく、 ｜ 今、他の電話に出てい**るんですが**。
申し訳ありませんが、 ｜

２時から会議**だって言ってましたので**。

午後はずっと会議**らしいんですよ／けど**。

今、｜ いない**みたいなんですけど**。
｜ いらっしゃらない**ようなんですけど**。

次のような場合はどう言いますか

練習 14

① ルームメートが部屋にいないことを伝える

A：ね、武志、部屋にいる？　電話したんだけど、出ないんだ。でも、もしかしたら、部屋にいるかもって思って。

B：あ、武志、今、＿＿＿＿＿＿＿＿＿＿＿＿＿＿＿＿＿＿＿＿＿＿＿＿＿＿＿＿。

A：そうなんだ。帰ってきたら、僕が来たって、伝えてくれる？

B：うん、わかった。

② 同僚が会議で電話に出られないことを伝える

A：すみません、山崎さん、いらっしゃいます？

B：あ、山崎さんは、今、＿＿＿＿＿＿＿＿＿＿＿＿＿＿＿＿＿＿＿＿＿＿＿。

A：そうなんですか。じゃ、メールにします。

B：はい、お願いします。

③ 同僚が午前中休みを取っていて、今はいないことを伝える

A：すみません、高柳さん、いますか？

B：あ、高柳さんは、朝は休みで、＿＿＿＿＿＿＿＿＿＿＿＿＿＿＿＿＿＿＿＿＿＿＿＿＿＿。

A：そうなんですか。じゃ、急ぎじゃないので、午後また電話します。

B：わかりました。

④ ルームメートがいないことを伝える

A：あ、美保。

B：あ、どうしたの？

A：岬と話したかったんだけど、全然、電話出てくれなくて。メッセージは残したんだけど。今、いないよね？

B：うん、いないよ。今日は一日中、＿＿＿＿＿＿＿＿＿＿＿＿＿＿＿＿＿＿＿＿＿＿＿＿＿＿。

A：そうなんだ。

伝言を申し出る

例 (1) メールしたってことも、わたしから言っとこうか。 (練 I-① 友人に)

(2) 戻りましたら、神崎に電話かけさせましょうか。 (練 I-② 他の会社の人に)

(3) 帰ってきたら言っとくよ。 (練 I-③ 友人に)

(4) 俺から何か言っとくことある？ (練 I-③ 友人に)

電話があったこと、 | (わたしから) 言っとこうか。
言っとくよ。

何か、言っとくことある？

(村田さん) からお電話があったこと、言っておきます。

何か、 | 伝えておきましょうか。
お伝えしておきましょうか。

伝言、伺いましょうか。

(木下) から電話かけさせましょうか。

(木下) に電話するように伝えましょうか。

(木下) に電話かけるように言っておきます。

次のような場合はどう言いますか

練習 15

① ルームメートが部屋にいない

A：そうなんだ。帰ってきたら、僕が来たって、伝えてくれる？

B：わかった。それだけでいい？　他に＿＿＿＿＿＿＿＿＿＿＿＿＿＿＿＿＿＿＿＿。

A：ううん、来たってことだけでいいよ。

B：わかった。

② 同僚が電話に出られない

A：あ、山崎さんは、今、会議中なんですよ。

B：そうなんですか。じゃ、メールにします。

A：はい、あのう、＿＿＿＿＿＿＿＿＿＿＿＿＿＿＿＿＿＿＿＿＿＿＿＿＿＿。

B：あ、ありがとうございます。助かります。

③ 同僚が今はいない

A：あ、高柳さんは、今日、午前は休むって言ってましたので。

B：そうなんですか。じゃ、急ぎじゃないので、午後また電話します。

A：あ、＿＿＿＿＿＿＿＿＿＿＿＿＿＿＿＿＿＿＿＿＿＿＿＿＿＿＿＿＿＿。

B：じゃ、あの、京都のプロジェクトのことで相談したいことがあるって伝えてくださいますか。

④ 他社に電話をするが、話したい相手は休んでいる

A：すみません、武田は、今日はお休みを取っておりまして。

B：そうなんですか。じゃ、明日、またお電話します。

A：あ、それとも、＿＿＿＿＿＿＿＿＿＿＿＿＿＿＿＿＿＿＿＿＿＿＿＿＿。

B：あ、助かります。明日で結構ですので、よろしくお願い致します。

A：はい、わかりました。

伝言を頼む

例　(1) 先生に、今日休むって**言っといてもらえないかな。**　　(練 I-① 友人に)

(2) メールチェックしてって**それだけ言っといてもらえる？**　　(練 I-③ 友人に)

(3) それで、学校を休ませ**ようと思うんですが…**　中村先生**にそうお伝え願えますでしょうか。**　　(練 I-④ 教員に)

(4) 電話じゃなくてメールをもらいたい**ってお伝え願えますか。**　　(練 I-⑤ 同僚に)

先生に、	今日休むって	**言っといてもらえる？**
	そう	**言っといてもらえないかな。**
今日休も**うって思うんだけど**、先生に、		**伝言お願いできるかな。**

部長に、	今日休むって	**言っておいていただけますか。**
	そう	**お伝えいただけますか。**
		お伝え願えますか。
今日休も**うと思うんですが**、部長に、		**お伝え願えますでしょうか。**

次のような場合はどう言いますか

練習　16

① 打ち合わせに10分遅れると伝えたい

A：武志、今、いないんだけど。ジョギングに行ってると思う。

B：そうなんだ。じゃ、帰ってきたら、今日の打ち合わせ、＿＿＿＿＿＿＿＿＿＿。メッセージも送っとくけど。

A：わかった。

B：ありがと。

② 同僚に会議の部屋が301になったと伝えたい

A：あ、山崎さんは、今、会議中なんですよ。

B：そうなんですか。じゃ、戻られたら、3時の会議の場所が＿＿＿＿＿＿＿＿＿＿。

A：わかりました。

③ 同僚に資料を早く送ってほしいと伝えたい

A：あ、高柳さんは、今日、午後から会社に来るって言ってましたので。

B：そうなんですか。じゃ、会社にいらっしゃったら、明日の会議の資料なんですけど、
__________________________。部長がうるさいんですよ。

A：わかりました。

④ 話したい相手に明日の会議がなくなったことを伝えたい

A：すみません、武田は、今日はお休みを取っておりまして。

B：そうなんですか。じゃ、申し訳ありませんが、明日の会議なんですが、
__________________________。

A：はい、わかりました。

ロールプレイ

① スキット③の前半（◀))3）を聞いて、話の続きをペアで作ってみましょう。

② スキット⑤の前半（◀))6）を聞いて、話の続きをペアで作ってみましょう。

③ こんな時、どのように言いますか。

授業中に突然体調が悪くなったので、次の授業に出ずにうちに帰ろうと思います。授業を一緒に取っている友人に、次の授業の先生にそのことを伝えてくれるよう頼んでください。

インターン先の会社に電話をして、先生の都合で授業が延びたので、30分ほど遅れることを伝えてください。あなたが話したい相手は、営業部の高柳さんです。

LESSON 2

「一緒に行ってみない?」―勧誘―

最近、どんなことに人を誘いましたか。また、誘われた時に、誘いを受けたくなくて、困ったことはありませんか。

こんなとき、どう言いますか

①～⑤は、誰が何をしますか。もし鈴木さんにこう言われたら、どう答えますか。

① 一緒に映画を見に行きたいなあ。

② もしよかったら、駅まで車で迎えに行きましょうか。

③ 木村さんには、僕から電話しようか。

④ 日曜日、ドライブに行こうか。

鈴木さん

⑤ 遊園地のチケット、あまってるんだけど、もし、興味があれば行ってみない?

1. 誰が何をしますか。

① { 鈴木さん・相手・鈴木さんと相手 } が＿＿＿＿＿＿＿＿＿＿＿＿＿＿。

② { 鈴木さん・相手・鈴木さんと相手 } が＿＿＿＿＿＿＿＿＿＿＿＿＿＿。

③ { 鈴木さん・相手・鈴木さんと相手 } が＿＿＿＿＿＿＿＿＿＿＿＿＿＿。

④ { 鈴木さん・相手・鈴木さんと相手 } が＿＿＿＿＿＿＿＿＿＿＿＿＿＿。

⑤ { 鈴木さん・相手・鈴木さんと相手 } が＿＿＿＿＿＿＿＿＿＿＿＿＿＿。

2. あなたが、もし鈴木さんにこう言われたら、どう答えますか。

① ＿＿＿＿＿＿＿＿＿＿＿＿＿＿＿＿＿＿＿＿

② ＿＿＿＿＿＿＿＿＿＿＿＿＿＿＿＿＿＿＿＿

③ ＿＿＿＿＿＿＿＿＿＿＿＿＿＿＿＿＿＿＿＿

④ ＿＿＿＿＿＿＿＿＿＿＿＿＿＿＿＿＿＿＿＿

⑤ ＿＿＿＿＿＿＿＿＿＿＿＿＿＿＿＿＿＿＿＿

聞き取り練習 I

スキット① 17　スキット② 18　スキット③ 20　スキット④ 22　スキット⑤ 23

問題1 スキットを聞いて、次の質問について答えてください。
(1)誰と誰が、(2)何について話していますか。そして、(3)何に誘いましたか。(4)結果はどうでしたか。

(1) 誰と誰？　ア. 友人同士　イ. 夫婦　ウ. 上司と部下／先輩と後輩　エ. 初めて会う人同士　オ. 近所の人同士

(2) 何について？　a. 今から店に来る　b. グループに参加する　c. チケットを買う　d. 食事に行く　e. 習い事をする

	(1) 誰と誰	(2) 何について	(3) 何に誘ったのか	(4) 結果
①				○・×・?
②				○・×・?
③				○・×・?
④				○・×・?
⑤				○・×・?

一度聞いてわからなかった人は、次の言葉を確認してからもう一度聞きましょう。

①	②	③	④	⑤
フラワーアレンジメント	たいした～	京料理	お義母さん	太り気味
気持ちが落ち着く	フラメンコ	忘年会	化粧を落とす	国際結婚
(～と)話が合う	発表会	(～の)都合に合わせる	(～が)濡れる	日頃
同年代	本格的(な)		面倒くさい	気軽に
陶芸	価値がある		(～を)断る	集まり
(～と)話を合わす	半分持つ		適当に断る	(～に)参加する
				強制

問題2 もう一度スキットを聞いて、正しい内容を選んでください。

① 恵美は a. 陶芸 / b. 生け花 / c. フラワーアレンジメント を習っている。ところが、d. 興味がなくなった / e. 同年代の人がいない / f. 話が合う人がいない ので、遥を誘うことにした。遥は g. 興味がない / h. 忙しい / i. おもしろそうな ので、誘いを j. 受けた。 / k. 受けなかった。

② 森下さんは、再来週の日曜日
もりした　　さらいしゅう
a. 忙しそうだ。 / b. 忙しくなさそうだ。 福島さんの c. 奥さん / d. 彼女 がフラメンコを習っていて、その発表会があるので、森下さんに見に来るように誘っている。
はっぴょうかい　　　　　　　　　　　　　　　　さそ

そこでは、ワインが e. ただ / f. 半額 で飲めるそうだ。

③ a. 男の人の友達 / b. 女の人の友達 は、おいしい京料理の店を教えてくれた。それで、男の人は女の人を食事に誘っている。男の人は、今恋人が c. いる / d. いない ようだ。

女の人は、男の人と一緒に、e. いつその店に行くかはわからない。 / f. すぐにその店に行くことにした。

④ 男の人は a. 友達と飲んでいる。 / b. 友達とホットドックを食べている。 そして、奥さんをそこに来るように誘っている。奥さんは c. お母さんがいる / d. 面倒な / e. 子どもが熱を出している ので f. 行く / g. 行かない ことにしたようだ。

⑤「国際結婚を考える会」というのは、国際結婚を
こくさいけっこん
a. したい人 / b. している人 の会である。

集まりは
あつ
c. 毎月一回 / d. 毎週日曜日 開かれている。この女の人は子どもが e. いる / f. いない ので、教育の問題には関心が g. ある。 / h. ない。 会に入るかどうかは i. 夫と相談してから / j. 子どもができてから 決めるようだ。

問題3 もう一度スキットを聞いて、どのような表現を使って誘ったのか、書いてください。また、スキットの表現以外に、どんな言い方が適切か、クラスで話し合いましょう。

問い① 🔊17　問い③ 🔊20　問い⑤ 🔊23
問い② 🔊19　問い④ 🔊22

	どのように誘いましたか	同じような相手と場面で、他にどんな言い方ができますか
①		
②		
③		
④		
⑤		

聞き取り練習 Ⅱ

ナレーション・スキット① 🔊24
スキット② 🔊25　スキット③ 🔊26

問題1 スキットを聞いて、何に誘われたのか、書いてください。

	誘われたこと
①	
②	
③	

一度聞いてわからなかった人は、次の言葉を確認してからもう一度聞きましょう。

①	②	③
たまに	しょっちゅう	気が向く
あこがれの～	一杯	しつこく（～する）
内心	頻繁	丁重に
やったぞ	つきあいが悪い	あきらめる
	断りづらい	すっきりする
	しぶしぶ（～する）	反面

問題2 誘いを受けましたか、それとも断りましたか。そう思った理由も書いてください。

	誘いを受けたかどうか	理由
①	受けた・断った	
②	受けた・断った	
③	受けた・断った	

問題3 インタビューを受けた人は、上司の誘い（さそ）についてどのように考えていると思いますか。クラスで話し合い（はな あ）ましょう。

ポイントリスニング

ポイントリスニング 27

誘いを受けた、断った、まだわからない、のどれですか。✔を書いてください。

	①	②	③	④	⑤	⑥	⑦	⑧
受けた								
断った								
まだわからない								

重要表現

誘う

例 (1) 遥も**一緒に**習っ**てみない？**　いやならいいんだけど。（練 I-① 友人に）

(2) **もし興味があれば**、奥さんでも誘って、見に来**てくれないかなって**。（練 I-② 部下に）

(3) 結衣ちゃん**と一緒に**行き**たいなって思って**。（練 I-③ 後輩に）

(4) 出て来**れない？**（練 I-④ 妻に）

(5) **もしご興味を持っていただけるようでしたら**、ぜひ参加していただいて、ご一緒にお話**でもできたら、って思うんですが**。（練 I-⑤ 近所の人に）

新しい車買った**んだけど、一緒に**ドライブで**もどう？**

よかったら	**一緒に**テニスや**ってみない？**
時間があったら	映画に行か**ないかなって（思って）**。
興味があったら	今晩、飲みに行か**ない？**
	今、お茶、**できない？**
	一緒に行き**たいなって（思って）**。

一緒に、お話を聞いていただけ**たらって思うんですが**。

よろしかったら	**一緒にどうですか／いかがですか。**
お時間がありましたら	**ご一緒しませんか。**
ご興味がおありでしたら	**一緒に**行っ**ていただけませんか。**
ご興味を持っていただけるようでしたら	見に *いらっしゃ**いませんか。**
	送別会に *参加し**ていただけませんか。**
	ボランティアに *参加な**さいませんか。**

* 自分がその集まりの主催者のときに使います。

次のような場合はどう言いますか

練習 28

① 友人をコンサートに誘う

A：ね、KATS が、4 月に日本に来るって、知ってた？

____。

B：えー！　知らなかった。日本に来るんだ。行く、行く！

② 友人を来週晩ご飯に誘う

A：最近、あんまりゆっくり話する時間ないよね。

____。

B：うん、そうだね。今週は、ちょっと厳しいけど、来週ならオッケーだよ。

③ 1月末に行われる吉田さんの送別会に上司を誘う

A：2月で退職される吉田さんの送別会なんですけど、

____。

B：ええ、ぜひ。日程が決まったら知らせてください。

④ 近所の人をコミュニティーセンターの料理教室に誘う

A：料理、習ってみたいっておっしゃってましたよね。

____。

B：いいですね。何曜日にやってるんですか。

誘いを受ける

うん／もちろん。で、いつ？（どこ？…）
うん、行く（、行く）。
えっ、いいの？

ええ、ぜひ。
はい、うかがいます。ありがとうございます。

次のような場合はどう言いますか

練習 29

③と④は、a）快く受ける場合と、b）しぶしぶ受ける場合の両方を考えてみましょう。

① ラーメンを食べに行こうと誘われる

友人：駅の東口出たところに、先週、新しいラーメン屋できたの、知ってる？　昼に行ってみない？

☺：____。

② ボルダリングに誘われる

友人：ねー、ねー、ユリ、ボルダリングってやったことある？　わたし、やったことないんだけど、やってみたいなって思ってて。一緒にどう？

☺：____。

③ ゲームに誘(さそ)われる

友人(ゆうじん)　：なー、今晩(こんばん)、いつものゲーム、大輝(だいき)たちとやろうかって言ってて、メンバー、集めてるんだけど、やる？

a) ☺ ：＿＿＿＿＿＿＿＿＿＿＿＿＿＿＿＿＿＿＿＿＿＿＿＿＿＿＿＿。

b) 😐 ：＿＿＿＿＿＿＿＿＿＿＿＿＿＿＿＿＿＿＿＿＿＿＿＿＿＿＿＿。

④ 週末(しゅうまつ)のゴルフに誘(さそ)われる

上司(じょうし)　：中尾(なかお)さん、さっき、安田(やすだ)さんと話してたんですけど、週末、ゴルフ行きませんか。

a) ☺ ：＿＿＿＿＿＿＿＿＿＿＿＿＿＿＿＿＿＿＿＿＿＿＿＿＿＿＿＿。

b) 😐 ：＿＿＿＿＿＿＿＿＿＿＿＿＿＿＿＿＿＿＿＿＿＿＿＿＿＿＿＿。

誘(さそ)いを断(ことわ)る

例　(1) ううん。陶芸(とうげい)**とかだったら、ちょっと考えてみてもいいんだけど。**　（練 I-① 友人(ゆうじん)に）

(2) 最近(さいきん)、忘年会(ぼうねんかい)シーズンですから、けっこういろんな**約束(やくそく)が入っちゃってるんで。**　（練 I-③ 先輩(せんぱい)に）

(3) **悪いけど、**こんな時間に外出(そとで)るのはいやよ。　（練 I-④ 夫(おっと)に）

(4) わたしたち、まだ二人ですので、子どもの教育(きょういく)は問題ありません**し。**　（練 I-⑤ 近所(きんじょ)の人に）

月曜日**だったらいいんだけど。**

ちょっと約束(やくそく)**が入ってて。**

月曜日**だったら、**行けた**と思うんですけど。**

ちょっと用事**が入ってまして。**

次(つぎ)のような場合(ばあい)はどう言いますか

練習　🔊30

① ラーメンを食べに行こうと誘(さそ)われる

友人(ゆうじん)：駅の東口(ひがしぐち)出たところに、先週、新しいラーメン屋できたの、知ってる？　昼に行ってみない？

☹ ：＿＿＿＿＿＿＿＿＿＿＿＿＿＿＿＿＿＿＿＿＿＿＿＿＿＿＿＿。

② ボルダリングに誘われる

友人：ねー、ねー、ユリ、ボルダリングってやったことある？　わたし、やったことないんだけど、やってみたいなって思ってて。一緒にどう？

：＿＿＿＿＿＿＿＿＿＿＿＿＿＿＿＿＿＿＿＿＿＿＿＿＿＿＿＿。

③ ゲームに誘われる

友人：なー、今晩、いつものゲーム、大輝たちとやろうかって言ってて、メンバー、集めてるんだけど、やる？

：＿＿＿＿＿＿＿＿＿＿＿＿＿＿＿＿＿＿＿＿＿＿＿＿＿＿＿＿。

④ 週末のゴルフに誘われる

上司：中尾さん、さっき、安田さんと話してたんですけど、週末、ゴルフ行きませんか。

：＿＿＿＿＿＿＿＿＿＿＿＿＿＿＿＿＿＿＿＿＿＿＿＿＿＿＿＿。

返事を保留する

例　(1) じゃ、妻に予定をきいてみますんで、少し、待ってもらえませんか。

(練 I-② 上司に)

(2) じゃ、主人と相談してみますので。　(練 I-⑤ 近所の人に)

まだちょっとわからないんだけど。

妻にきいてみるから、ちょっと／明日まで待ってくれない？

少し／明日まで、考えさせて。

まだちょっとわからないんですが。

妻にきいてみますので、ちょっと／明日まで待っていただけませんか。

少し／明日まで、｜考えさせてくださいませんか。

　　　　　　　　｜お時間いただけますか。

じゃ、妻と相談してみます。

調整してみます。

次のような場合はどう言いますか

練習 31

①

友人：この週末って忙しい？　よかったら、一緒に、映画とかに行かないかなって思って。

あなた：

②

友人：あのさ、次の日曜の午後、友達がライブするんだけど、一緒に聞きに行かない？

あなた：

③

同僚：土曜日にうちでバーベキューをするんですが、ご家族と一緒にいらっしゃいませんか。

あなた：

④

同僚：真紀さん、絵、好きだって言ってましたよね。週末ならいつでもいいんで、フェルメール展、一緒に行きませんか。月末までやってるみたいなんですけど。

あなた：

ロールプレイ

① スキット②の前半（18）を聞いて、話の続きをペアで作ってみましょう。

② スキット③の前半（20）を聞いて、話の続きをペアで作ってみましょう。

③ こんな時、どのように言いますか。

友人からキャンプに誘われましたが、あなたはあまりアウトドアが好きではありません。

山登りが好きな人たちで作っている会社のオンライングループに、年上の同僚を誘ってみましょう。

LESSON 3

「これ、使わせてもらってもいいかなって」
ー許可ー

最近、どんなことで許可を求めましたか。
さいきん　　　　　　　　　　　きょか　もと
うまく許可をもらえましたか。

こんなとき、どう言いますか

次のような場面では、どのように言いますか。適当なものを選んでください。
つぎ　　　　ばめん　　　　　　　　　　　　　　てきとう　　　えら

①

a. ここで待ってて。

b. ここで待っていただけますでしょうか。

c. ここで待たせてもらってもいい？

d. ここで待っていてもかまいませんでしょうか。

下田さん

	下田さんが待つ	相手が待つ
友人に		
初対面の人に		

②

a. 今、お使いじゃないなら、使わせていただくこと、できますか。

b. もう、終わりましたので、使っていただいてもいいですよ。

c. もう終わったから、会議室使ってもいいよ。

d. 今、使ってないんなら、会議室使わせてもらってもいいかな。

加藤さん

	加藤さんが会議室を使う	相手が会議室を使う
友人に		
上司に		

聞き取り練習 I

スキット① 32　スキット③ 34　スキット⑤ 37
スキット② 33　スキット④ 36

問題1 スキットを聞いて、次の質問について答えてください。
(1) 誰と誰が、(2) 何について話していますか。そして、(3) どんな許可を求めましたか。
(4) 結果はどうでしたか。

(1) 誰と誰？　ア. 上司と部下　イ. 同僚同士　ウ. 図書館員と学生　エ. 兄弟　オ. 親子
(2) 何について？　a. 本を続けて借りる　b. 車を借りる　c. アルバイトをする　d. 部屋を使う
e. 動画をネットに上げる

	(1) 誰と誰	(2) 何について	(3) どんな許可	(4) 結果
①				○・×・？
②				○・×・？
③				○・×・？
④				○・×・？
⑤				○・×・？

一度聞いてわからなかった人は、次の言葉を確認してからもう一度聞きましょう。

①	②	③	④	⑤
兄貴 (～を～に) こする (～に) 傷がつく (～が) へこむ 運転があらい 事故る←事故を起こす 満タンにする	消費者 座談会 (～を) 確保する (～の) 反応がいい ビデオを撮影する 募集 ビデオ慣れしている 肖像権 (～を) 検討する	応接室 新規～ モニター 営業	改まって (～が) 当たる 受験 (する) (～に) 身を入れる	返却日 修士論文 (大学) 院生 (返却の) 手続き 引き続き (～する) 閲覧のみ

問題2 もう一度スキットを聞いて、正しい内容を選んでください。

① 弟は
a. 兄の車を洗って
b. 兄の車にガソリンを入れて
c. 兄の車を洗ってガソリンを入れて
返すことになった。

② 座談会の様子を
a. 撮影する
b. ネットに上げる
ことについては、出席者に説明してある。
ざ だんかい ようす さつえい しゅっせきしゃ せつめい

上司の岡田さんは、
c. 出席者が本音を話さない
d. 肖像権の問題がある
という理由で、部下の提案を許可しなかった。
じょうし おかだ ほんね りゆう ぶか ていあん きょか
しょうぞうけん

③ 今日の新規プロジェクトの打ち合わせは、
a. 会議室
b. 応接室
で行われる予定だったが、
しんき う あ かいぎしつ よてい
おうせつしつ

プロジェクタの調子が悪くて、部屋を変えなければならない。
ちょうし へ や か

打ち合わせでは、発表の
c. 練習をする 予定だ。
はっぴょう れんしゅう
d. 内容を相談する
予定だ。

④ 男の子は
a. ギター
b. バイク
を買うためにアルバイトをしようと思っているが、
c. 来年受験な
d. まだ若すぎる
ので

母親は買うことに反対している。父親は
e. 反対
f. 賛成
しているようだ。
ははおや はんたい ちちおや f. 賛成
さんせい

⑤ この図書館では、原則として本を続けて借りることが
a. できる。
b. できない。
続けて借りるときは、

c. 一度返却して、もう一度借りなくてはならない。
d. 予約しなければならない。
辞書や雑誌は、貸し出し
e. 可能
f. 禁止
である。

問題3 もう一度スキットを聞いて、どのような表現を使って許可を求めたのか、書いてください。また、スキットの表現以外に、どんな言い方が適切か、クラスで話し合いましょう。

問い① 32　問い③ 35　問い⑤ 37
問い② 33　問い④ 36

	どのように言いましたか	同じような相手と場面で、他にどんな言い方ができますか
①		
②		
③		
④		
⑤		

聞き取り練習 Ⅱ

スキット① 39　スキット② 40　スキット③ 41

問題1 居酒屋で職場の同僚らが新入社員について話しています。話の中の新入社員らが何について許可を求めたのか、書いてください。

	何について許可を求めたのか
①	
②	
③	

一度聞いてわからなかった人は、次の言葉を確認してからもう一度聞きましょう。

①	②	③
新入社員	時代	定時
有休（有給休暇）	研修旅行	資格をとる
入社する	目くじらをたてる	出勤する
常識はずれ		
しぶしぶ（～する）		

問題2 話している人は、新入社員に許可を与えましたか。✔を書いてください。

	許可を与えた	許可を与えなかった
①		
②		
③		

問題3 話している人は、新入社員の行動に対してそれぞれどんな気持ちだったと思いますか。クラスで話し合いましょう。

ポイントリスニング

ポイントリスニング 42

許可する、許可しない、まだわからない、のどれですか。✔を書いてください。

	①	②	③	④	⑤	⑥	⑦	⑧
許可する								
許可しない								
まだわからない								

重要表現

許可を求める

例 (1) 兄貴の車、使わせてもらってもいいかなあって。 (練 I-① 兄に)

(2) それを消費者の声って感じでネットに上げたいんですが、いいですか。 (練 I-② 上司に)

(3) 2時間ほど、使わせてもらってもかまわない？ (練 I-③ 同僚に)

(4) アルバイトしたいんだけど、いいかなって。 (練 I-④ 母親に)

(5) バイト、週一日だけでもいいから、してもいいよね？ (練 I-④ 父親に)

(6) (本を) 続けて借りるっていうのは、可能ですか。 (練 I-⑤ 図書館員に)

ここで待っててもいい？
冷蔵庫のジュース、飲んでもかまわない？
ちょっとこの部屋使いたいんだけど、いい？
ここで待たせてもらってもいいかな？
1時間ぐらい車を停めさせてもらえたら、助かるんだけど。

ここでタバコが吸えますか。
ここに置いてもかまわないでしょうか。
明日、休ませていただきたいんですが。
この写真を撮らせてもらうのは可能でしょうか。
しばらく考えさせていただくわけにはいきませんか。

次のような場合はどう言いますか

練習 43

① 二人は学生で、学校の食堂にいる

A：亜希、ここ空いてる？
B：あ、うん。
A：今日一人なんだけど、＿＿＿＿＿＿＿＿＿＿＿＿＿＿。
B：うん、もちろん。一緒に食べよ。
A：ありがとう。

② 二人は学生で、教室にいる

A：あの、こないだから借りてる参考書なんだけど。

B：うん。どうしたの？

A：実は、まだ全部読めてなくて。悪いんだけど、＿＿＿＿＿＿＿＿＿＿＿＿＿。

B：うん……。じゃ、明日には絶対返してね。週末テストの準備したいから。

A：ほんとごめん。明日絶対持ってくるね。

③ 職場で上司と部下が話している

A：あのう、木下係長。

B：あ、村田さん、何ですか。

A：申し訳ありませんが、明日病院に行かなきゃならないんで、２時に＿＿＿＿＿＿＿＿。

B：２時ですか。わかりました。

A：すみません。

④ 学校で学生と先生が話している

A：加藤先生。

B：あ、斉藤さん。どうしましたか。

A：あのう、今日ちょっと具合が悪いので、小テストのあと＿＿＿＿＿＿＿＿＿＿＿。

B：あ、そうですか。大丈夫ですか。

A：はい。

B：わかりました。では、今日の授業の内容は、自分で見といてくださいね。

許可を与える

例　(1) 一旦、返却の手続きをしてから、引き続き借り**てもいいですよ。**

（練 I-⑤ 図書館員が学生に）

うん、いいよ／全然 OK。

その荷物、ここに明日まで置いとい**ていいよ。**

どうぞ、使って。

ええ、どうぞ。

ええ、かまいません（よ）／が。

ここで、タバコを吸っ**てもかまいませんよ。**

どうぞご自由に**お**とり**ください。**

好きなだけ、**お**使い**になってください。**

条件を述べる

例 (1) 3時まで**なら**いいんですけど。 (練 I-③ 同僚に)

(2) じゃ、3時まで**ということでお願いします。** (練 I-③ 同僚に)

(3) 勉強もちゃんとする**んなら**、お父さんはしてもいいような気もするけど。

(練 I-④ 息子に)

1週間**なら**いいよ。

2、3枚**だったら**コピーしてもかまわないよ。

毎日家事も手伝う**ん** | **なら**いいよ。

すぐ返してくれる**ん** | **だったら**いいよ。

ず**っとっていうわけじゃなかったら**、使ってもいいよ。

3時まで**でよろしければ**、かまいませんよ。

3時までに返し**ていただけるんでしたら**、お貸しできますが。

10日以内**(ということ)でお願いします/したいんですが。**

次のような場合はどう言いますか

練習A 44 練習B 45

A. 許可する

① 仲のいい友人に

A:この週末、ちょっと車貸してもらいたいんだけど、無理かな。

B:＿＿＿＿＿＿＿＿＿＿＿＿＿＿＿＿＿＿＿＿。

A:サンキュー。助かる。

② 一緒に住んでいる友人に

A:ね、さつき、明日の夜、友達呼んでご飯食べてもかまわない?

B:あ、わたし明日の夜いないから、＿＿＿＿＿＿＿＿＿＿＿＿＿＿＿＿＿＿＿＿。

A:ありがと。

③ セミナー会場で他の参加者に

A:すみません、お隣、いいですか。

B:＿＿＿＿＿＿＿＿＿＿＿＿＿＿＿＿＿＿＿＿。

A:あ、どうも。

④ セミナー会場で他の参加者に

A　　　　：すみません、次、ご発表ですよね？　録音させてもらってもよろしいですか。

B（発表者）：＿＿＿＿＿＿＿＿＿＿＿＿＿＿＿＿＿＿＿＿。

A　　　　：ありがとうございます。

B. 条件付きで許可する

① 仲のいい友人に

A：この週末、ちょっと車貸してもらいたいんだけど、無理かな。

B：ああ、週末…？　＿＿＿＿＿＿＿＿＿＿＿＿＿＿＿＿＿＿＿＿。

A：サンキュー。助かる。

② 一緒に住んでいる友人に

A：ね、さつき、明日の夜、友達呼んでご飯食べてもかまわない？

B：明日？　わたしあさって試験だから勉強したいんだよね。

＿＿＿＿＿＿＿＿＿＿＿＿＿＿＿＿＿＿＿＿。

A：うん、わかった。ありがと。

③ 学生に

A　　　：田口先生、今日締め切りのレポート、来週の月曜日に提出してもいいですか。

B（先生）：そうですね…、＿＿＿＿＿＿＿＿＿＿＿＿＿＿＿＿＿＿＿＿。

A　　　：ありがとうございます。

④ 図書館で学生に

A：すみません、自習室の予約4時までだったんですけど、延長は可能でしょうか。

B：延長ですか…。ええと、5時からほかの人の予約が入っていますから、

＿＿＿＿＿＿＿＿＿＿＿＿＿＿＿＿＿＿＿＿。

A：ありがとうございます。

許可をしない

例 (1) **やだよ**。お前の運転、あらい**から**。よく事故る**し**。（練Ⅰ-① 弟に）
(2) うーん、動画をネットに、**ですか**。（練Ⅰ-② 部下に）
(3) ２時間ですか。**えー、難しいですね**。（練Ⅰ-③ 同僚に）
(4) **だめだめ**。来年、受験でしょ。（練Ⅰ-④ 息子に）
(5) 辞書や、百科事典、雑誌類は貸し出しできない**ことになってるんで**。（練Ⅰ-⑤ 図書館員が学生に）

いやだ／やだ（よ）。 **だめ（だめ）。**	恥ずかしい**から**。 恥ずかしい**し**。
いや…／えー…／うーん…、	来週？ **ちょっと無理（かな）。**
ごめん（ね）、 **悪いけど、** **申し訳ないけど、**	今、使ってるんで。

できれば待っててあげ**たいんだけど**。
他の人に貸し**ちゃいけないことになっているから**。

えっ、	来週**ですか**。 **ちょっと難しい／きついですね。**
申し訳ないんですが、 **すみませんが、**	後から人が来る**ことになってて**／来ますので。
関係者以外、ここからは入れ**ない** 場内ではタバコを吸っ**てはいけない**	**ことになっているんです。** **ことになっているので。**

ここでは、携帯電話の使用**はご遠慮いただいています**。

次のような場合はどう言いますか

練習 46

① 仲のいい友人に

A：この週末、ちょっと車貸してもらいたいんだけど、無理かな。

B：＿＿＿＿＿＿＿＿＿＿＿＿＿＿＿＿＿＿＿＿。

A：そっか、わかった。

② 一緒に住んでいる友人に

A：ね、さつき、明日の夜、友達呼んでご飯食べてもかまわない？

B：＿＿＿＿＿＿＿＿＿＿＿＿＿＿＿＿＿＿＿＿。

A：あ、そうなんだ。じゃ、別の日にするね。

③ セミナー会場で参加者に

A　　　　　　：すみません、一番前の席、いいですか。

B（係りの人）：＿＿＿＿＿＿＿＿＿＿＿＿＿＿＿＿＿＿＿＿。

A　　　　　　：はい、わかりました。

④ セミナー会場で他の参加者に

A　　　　　：すみません、次、ご発表ですよね？　録音させてもらってもよろしいですか。

B（発表者）：＿＿＿＿＿＿＿＿＿＿＿＿＿＿＿＿＿＿＿＿。

A　　　　　：そうですか、すみません。

ロールプレイ

① スキット③の前半（◀)) 34）を聞いて、話の続きをペアで作ってみましょう。

② スキット⑤の前半（◀)) 37）を聞いて、話の続きをペアで作ってみましょう。

③ こんな時、どのように言いますか。

ゼミの発表の日に、急に大切な用事が入ってしまったので、授業を休みたいと考えています。先生と話してください。

先週、海外出張だったので、マルチ電源アダプターを同僚に借りています。あなたは帰国したばかりですが、来週また急な海外出張が入ってしまったので、続けて使わせてもらいたいと考えています。

LESSON 4 「渋滞してるらしいですよ」

ー確かな情報・不確かな情報ー

何かの理由で、友人との待ち合わせの時間に遅れそうです。
あなたなら、何と言いますか。

こんなとき、どう言いますか

次の情報は、a. 誰かから聞いたこと、あるいは、b. 話し手の考えのどちらですか。

①

ア）（　　　）今度、学校の前にできたレストラン、おいしいそうだね。
イ）（　　　）よさそうだね。
ウ）（　　　）おいしいんだって。

②

ア）（　　　）毎日、満員電車で通勤するのって疲れるよ。
イ）（　　　）疲れそうだね。
ウ）（　　　）疲れるんだってね。

③

ア）（　　　）朝夕の子どもの送り迎えは大変ですね。
イ）（　　　）なんですよ。
ウ）（　　　）だそうですよ。

④

ア）（　　　）あそこのスーパー、来週開店するみたいね。
イ）（　　　）みたいよ。
ウ）（　　　）んじゃない？

⑤

ア）（　　　）ディズニーランドは、大人も楽しめるみたいだよ。
イ）（　　　）らしいよ。
ウ）（　　　）と思うけど。

聞き取り練習 I

スキット① 47　スキット③ 50　スキット⑤ 53
スキット② 49　スキット④ 52

問題1 スキットを聞いて、次(つぎ)の質問について答えてください。
(1)誰(だれ)と誰が、(2)どこで話していますか。そして、(3)今問題になっていることの原因(げんいん)は何ですか。(4)その情報(じょうほう)を誰から得(え)ましたか。

(1)誰と誰？　ア．親子(おやこ)　イ．知らない人同士(どうし)　ウ．運転手と乗客(じょうきゃく)　エ．友人同士(ゆうじん)
(2)どこで？　a．長距離(ちょうきょり)バス内(ない)　b．自家用車(じかようしゃ)の中　c．タクシー内　d．電車内　e．空港(くうこう)

	(1)誰と誰	(2)どこで	(3)原因	(4)誰から得た情報か
①				他(ほか)から得た情報・話している人の考え(かんが)
②				他から得た情報・話している人の考え
③				他から得た情報・話している人の考え
④				他から得た情報・話している人の考え
⑤				他から得た情報・話している人の考え

一度聞いてわからなかった人は、次(つぎ)の言葉(ことば)を確認(かくにん)してからもう一度聞きましょう。

①	②	③	④	⑤
停車(ていしゃ)(する)	踏切(ふみきり)	ボード	終点(しゅうてん)	高速(こうそく)(道路(どうろ))
放送(ほうそう)	衝突事故(しょうとつじこ)	カウンター	仙台(せんだい)	制限速度(せいげんそくど)
名古屋(なごや)の手前(てまえ)		クルー	順調(じゅんちょう)にいく	おしっこをする
落下物(らっかぶつ)			～の影響(えいきょう)で	おしっこを我慢(がまん)する
ダイヤが乱(みだ)れる			高速道路(こうそくどうろ)	休憩(きゅうけい)する
(電車を)乗(の)り継(つ)ぐ			一車線(いっしゃせん)(になる)	パーキングエリア

問題2 もう一度スキットを聞いて、正しい内容を選んでください。

① 放送によると [a. 名古屋駅で事故 / b. トンネル内で事故] があったので、電車が発車できないらしい。

[c. すぐに動くので、 / d. いつ動くかわからないが、] 二人は [e. 電車を乗り継いで行く / f. このまま電車に乗っている] ことにした。

② 今日、[a. 信号 / b. 踏切] の近くで [c. 車と車の衝突事故 / d. 車と電車の衝突事故] があった。

その事故が起きたのは、[e. 朝3時 / f. 今から3時間前] だ。

③ 二人が乗る飛行機の [a. 出発 / b. 到着] が遅れるらしい。

その原因は二人が乗る予定の [c. 飛行機のクルー / d. 飛行機] がまだ空港に到着していないからだそうだ。

[e. 約1時間後に / f. 1時間以内に] 飛ぶらしい。

④ 終点の仙台には、[a. 1時間後 / b. 7時間後] に着くようだ。遅れた理由は、[c. 地震 / d. 台風] で道路の状態が悪く

[e. 一車線 / f. 通行止め] になっているところがあるからだ。

⑤ 今、家族で [a. おばあさんの家に / b. おばあさんを迎えに] 行くために高速道路を走っているところだ。

車がスピードを出せない理由は、[c. 工事中だ / d. 事故があった] からだ。

子どもが [e. トイレに行きたい / f. おなかが痛い] と言っているので、次のパーキングエリアで車を停める

ことにした。

問題3 もう一度スキットを聞いて、どのような表現を使って相手に遅れる理由を伝えたのか、書いてください。また、スキットの表現以外に、どんな言い方が適切か、クラスで話し合いましょう。

問い① 47　問い③ 51　問い⑤ 53
問い② 49　問い④ 52

	どのように言いましたか	同じような相手と場面で、他にどんな言い方ができますか
①		
②		
③		
④		
⑤		

聞き取り練習 Ⅱ

スキット① 54　スキット③ 56
スキット② 55　スキット④ 57

問題1 現在、話題になっている交通に関する状況は、どのような状況ですか。また、その状況を話し手はどうやって知ったのですか。

	交通に関する状況	話し手はどうやって知ったのか
①		
②		
③		
④		

一度聞いてわからなかった人は、次の言葉を確認してからもう一度聞きましょう。

①	②	③	④
高速（道路）	大型の	人身事故	医院
～のせいで	（～に）接近する	（～が）あふれる	時間帯
一車線	発着便	打ち合わせ	急で申し訳ない
一応	（～に）搭乗する	1時間ずらす	車を出す

問題2 電話の話し手は、この後、話し相手に何をしてほしいのですか。

	話し手は、話し相手に何をしてほしいのか
①	
②	
③	
④	

問題3 話し手が言っている情報は、確実だと思いますか。どうしてそう思うのかクラスで話し合いましょう。

ポイントリスニング

ポイントリスニング 58

交通事情について話しています。話している人が言ったことは、話している人が確実に知っている情報か、他から得た情報か、それとも、話している人の考えか、✔を書いてください。

	①	②	③	④	⑤	⑥	⑦	⑧
確実に知っている情報								
他から得た情報								
話している人の考え								

重要表現

他から得た情報を伝える

例 (1) なんか、トンネル内で事故が起きた**とかって、言ってました**けど。　(練 I-① 知らない人に)

(2) 名古屋の手前のどこか**らしいですよ**。　(練 I-① 知らない人に)

(3) 落下物があるとか何とかで、ダイヤが乱れてる**って、言ってましたからね**。　(練 I-① 知らない人に)

(4) 遅れる**みたいよ**。　(練 I-③ 友人に)

(5) クルーが乗ってる飛行機が、ちょっと遅れてる**んだって**。　(練 I-③ 友人に)

(6) 1時間ぐらい遅れる**らしい**。　(練 I-③ 友人に)

明日の運動会は中止になった**(んだ)って**。

なんか、会議が何曜日になるかはまだわからない**(とか)って聞いた**けど。

山田先生の授業、来週は休み**みたいだよ**／**らしいよ**。

お隣の木村さんのお嬢さん、結婚なさる**とか(って)いう話だよ**。

中村先生が、連絡を取りたい**(とか)って言ってましたよ**。

次の電車はいつ出発するかわからない**んですって**。(女性的な表現)

課長が会社をお辞めになる**(ということ)らしいですよ**。

次のような場合はどう言いますか

練習 59

① 大学の友人に伝える

a) WEBの情報を見て…

【休講】
6月23日(月) 4限
担当：木村達彦
社会学部「社会学入門」
A

わ、知らなかった。ありがとう。
A
B

b) 友達から聞いて…

鈴木先生、来週出張で大学に来ないかもしんないって。
A

やったー！　じゃ、来週の授業は休講だね。
A
B

② 同僚に伝える

a) 掲示を見て…

そうなんですか。だから、人が多いんですね。
A
B

b) ホームで人が話しているのを聞いて…

今日、すごい人だね。
うん。なんか、駅のそばに新しいショッピングモールがオープンしたんだって。
A

へえ、そうなんですね。今度、行ってみます？
A
B

③ 先生に伝える

杉野さんは、今日休みですか。
実は、二日酔いなんだけど…
A
あ、そうなんですね。わかりました。
B

自分で判断したことを伝える

例 (1) もう3時間もたってるから、その事故のせいだけだ**とは思えないんですけどねえ。** (練Ⅰ-② 乗客に)

(2) このまま渋滞とか事故がなくて、順調にいけば、あと1時間ぐらい**でしょうね。** (練Ⅰ-④ 乗客に)

(3) ううん、あと30分ぐらい**じゃないかな。** (練Ⅰ-⑤ 息子に)

明日、休講になる**かも。**

電車が着くの、遅れる**んじゃないかな。**

雨も降ってるし、多分、誰も来ない**んじゃない(の)?**

10時に出たんだから、もうそろそろ着く**はずだよ。**

田中さん、いつも朝遅いから、遅れて来る**に決まってるよ。**

出発が遅れる**かもしれないって思いますが。**

渋滞で遅れる**可能性は高いかもしれませんね。**

タクシーで行ったほうが早い**んじゃないでしょうか。**

事故のせいで遅れている**(んじゃないか)と思うんですが。**

昨日連絡したから、集合場所はわかってる**はずですよ。**

➡ 次のような場合はどう言いますか

練習 🔊60

① 先生は、よく授業に遅れてくる

友人　：もしもし、わたし。バスに乗り遅れちゃって。ゼミに５分ぐらい遅れるかも。先生に言っといてくれる？

あなた：＿＿＿＿＿＿＿＿＿＿＿＿＿＿＿＿＿＿＿＿＿＿＿＿。

② 宮田さんは、最近アルバイトで忙しい

友人　：宮田さんも、夕飯に誘わない？　最近、全然、一緒に食べに行ってないから。

あなた：＿＿＿＿＿＿＿＿＿＿＿＿＿＿＿＿＿＿＿＿＿＿＿＿。

③ 朝と夕方は道が混んでいるが、今は昼間なので混まない

知らない人：ちょっと、お尋ねしたいんですが。あの、ここからＡ大学まで行きたいんですが、道、混んでそうだったら、バスじゃなくてタクシーがいいかなって思っているんですが。

あなた　　：そうですねえ。＿＿＿＿＿＿＿＿＿＿＿＿＿＿＿＿＿＿＿＿。

④ 同僚の南さんの子どもは体が弱くて熱を出しやすい

同僚　：南さん、まだですねえ。電話はないんですが、今日も休まれるんでしょうかねえ。お子さんの熱、なかなか下がらないとおっしゃってましたし。

あなた：＿＿＿＿＿＿＿＿＿＿＿＿＿＿＿＿＿＿＿＿＿＿＿＿。

確かな情報であることを示す

例 (1) **確かに**、そう言ってましたよ。 (練 I-① 知らない人に)

(2) **きっと**、まだ時間、かかる**んじゃないですか**。 (練 I-① 知らない人に)

きっと、混雑	してる**んじゃないかなあ**。
	していますよ。
	している**と思います**。
***絶対(に)** 渋滞	していますよ。
	している**と思います**。
ニュースで、**確かに**今日雨だ	**って言っていました**よ。
	って聞きましたよ。

＊「絶対(に)」は、根拠が十分になくても強く主張を述べているという印象を与えるので、の状況で使用するときは、注意が必要です。

不確かな情報であることを示す

例 (1) **なんか**、トンネル内で事故が起きた**とかって**、**言ってました**けど。

(練 I-① 知らない人に)

(2) 落下物がある**とか何とかで**、ダイヤが乱れてる**って**、**言ってました**からね。

(練 I-① 知らない人に)

もしかしたら／ひょっとしたら、この道は行き止まり	だ／だった**と思いますよ**。
	な**んじゃないかな**。
	かもしれないですね。
確か／恐らく、明日は休講	です／でした**よ**。
	だ／だった**と思いますよ**。
	な／だった**んじゃないかな(と思います)**。
なんか／どうも、交通事故があった	**って言ってました**よ。
途中で交通事故があった**とか何とかで**、少し遅れる	**って聞きました**よ。
	みたいですよ／ね。
	らしいですよ／ね。

次のような場合はどう言いますか

練習 🔊61

a) 情報が確かだと思っている場合と、b) 不確かだと思っている場合の両方を考えてみましょう。

① 来週の会議がオンラインになる

同僚　：来週月曜の会議、オンラインになるかもしれないって、木下さんが言ってたんだけど。何か、知ってる？

a) ☺：＿＿＿＿＿＿＿＿＿＿＿＿＿＿＿＿＿＿＿＿。

b) ☹：＿＿＿＿＿＿＿＿＿＿＿＿＿＿＿＿＿＿＿＿。

② 真さんが遅刻する

友人　：真、遅いねえ。

a) ☺：＿＿＿＿＿＿＿＿＿＿＿＿＿＿＿＿＿＿＿＿。

b) ☹：＿＿＿＿＿＿＿＿＿＿＿＿＿＿＿＿＿＿＿＿。

③ 北海道に転勤のため、上田さんは今日引っ越す

近所の人：上田さんち、朝から、トラックが来ていますね。

a) ☺：北海道に転勤だっておっしゃってましたから、＿＿＿＿＿＿＿＿。

b) ☹：北海道に転勤だっておっしゃってましたから、＿＿＿＿＿＿＿＿。

ロールプレイ

① スキット①の前半（🔊47）を聞いて、話の続きをペアで作ってみましょう。

② スキット③の前半（🔊50）を聞いて、話の続きをペアで作ってみましょう。

③ こんな時、どのように言いますか。

友人と北海道旅行をしようと思っています。どのような交通手段で行きますか。ただし、旅行を計画している週は、台風が来る可能性が高く、飛行機の運行が中止されるかもしれません。

仕事先に行くために、バスターミナルで同僚と一緒に長野行きの長距離バスを待っています。ところが、出発予定の時間から15分過ぎましたが、バスは来ませんし、アナウンスもありません。それで、あなたはバスの切符売り場に様子をききに行きました。戻ってきて同僚と話をしてください。

LESSON 5

「そこをなんとか」ー依頼(いらい)・指示(しじ)ー

最近(さいきん)、どんなことを頼(たの)まれましたか。
断(ことわ)りたかったのにうまく断れなかったことはありませんか。

こんなとき、どう言いますか

次(つぎ)のような場面(ばめん)では、どのように言いますか。適当(てきとう)なものを選(えら)んでください。

① ア）会社で同僚(どうりょう)に

イ）家で妻(つま)に

小山(こやま)さん
35才　会社員

ウ）友人(ゆうじん)の家で奥(おく)さんにたずねられて

エ）喫茶店(きっさてん)で店員に

a. じゃ、コーヒーで。
b. じゃ、コーヒー、いただけますか。すみません。
c. あ、コーヒー入れてるの？　ぼくにも入れて。
d. 申(もう)し訳(わけ)ないんだけど、コーヒー３つ、応接室(おうせつしつ)に急(いそ)ぎで出してもらえないかな。

② ア）会議(かいぎ)の進行役(しんこうやく)として

３時半から別の会議に出ることになっている人もいると思うので、＿＿＿＿＿。

イ）店で服を選(えら)んでいる友人(ゆうじん)に

＿＿＿＿＿。親(おや)に５時には帰るって言って来たから、３時半のバスに乗(の)りたいんだよね。

増田(ますだ)さん
33才　教師(きょうし)

ウ）家で水道工事(こうじ)の人に

ちょっと出かけなくちゃいけないんで、＿＿＿＿＿。

エ）教室でグループワークの相談(そうだん)をしている学生に

この教室、３時から別のクラスが使うみたいだから、＿＿＿＿＿。

a. ３時までに終わるようにしてくださいね。
b. ３時までに終わらせたいんですが。
c. ３時までに終われる？
d. ３時までに終わっていただけますか。

聞き取り練習 I

スキット① 62　スキット③ 64　スキット⑤ 68
スキット② 63　スキット④ 66

問題1 スキットを聞いて、次の質問について答えてください。
(1)誰と誰が、(2)何について話していますか。そして、(3)どんな依頼や指示を出しましたか。(4)結果はどうでしたか。

(1) 誰と誰？　ア．教師と学生　イ．店長と従業員　ウ．同僚同士
エ．店の人と客　オ．友人同士

(2) 何について？　a．授業のプリント　b．学期末のレポート　c．仕事のしかた
d．部長の確認　e．車検の車

	(1)誰と誰	(2)何について	(3)依頼や指示の内容	(4)結果
①				○・×・?
②				○・×・?
③				○・×・?
④				○・×・?
⑤				○・×・?

一度聞いてわからなかった人は、次の言葉を確認してからもう一度聞きましょう。

①	②	③	④	⑤
急ぎ(の～)	(～が)そろう	車検	(～が)はかどる	(～の)提出
(～に～を)おごる	笑顔	(車検が)昼に上がる	(～に)行きっぱなし	企業
さりげなく	厨房	なんとかなる	食べ物にあたる	海外進出
恩にきる	(～の)節約	代車	食中毒	書式
	心がける	承知する	まし	(～を)引用する
	連絡事項		プリント	(～を)明記する
				教務課

問題2 もう一度スキットを聞いて、正しい内容を選んでください。

① 男の人は女の人に書類を [a. 部長に直接渡して / b. 部長の書類の上の方に置いておいて] くれるように頼んだ。

その代わりに男の人は女の人に [c. ごはんをおごる / d. フランス料理を作る] ことになった。

② 最近、お客さんのオーダーを繰り返さない従業員が [a. いる。 / b. いない。]

先月の水道代は、[c. 12万円より少し多かった。 / d. 10万円より少し少なかった。 / e. 去年の同じ月より安かった。]

③ 予定では、車検は [a. 土曜日の昼 / b. 金曜日の朝] に終わることになっている。今は [c. トラック / d. セダン] を借りて

いるが、代わりに [e. トラック / f. セダン] を借りることになった。

④ さくらは、[a. 明日のテストのことが心配な / b. おなかの調子が悪い] ので、美月と一緒にテストの勉強ができない。

そこで、美月はさくらに [c. 医者に行くように / d. 他の人と勉強するように] すすめ、

自分は [e. ゼミを休む / f. 他の人にプリントを見せてもらって勉強する] と言った。

⑤ レポートのテーマは [a. 二つ書かなければならない。 / b. 一つ選べばいい。] レポートは、[c. 表やグラフを入れて / d. 表やグラフを入れないで]

10枚程度、書く。レポートはメールで [e. 出してもいい。 / f. 出すことはできない。]

問題3 もう一度スキットを聞いて、どのような表現を使って依頼や指示を行ったのか、書いてください。また、スキットの表現以外に、どんな言い方が適切か、クラスで話し合いましょう。

問い① 62　問い③ 65　問い⑤ 68
問い② 63　問い④ 67

	どのように言いましたか	同じような相手と場面で、他にどんな言い方ができますか
①		
②		
③		
④		
⑤		

聞き取り練習 Ⅱ

司会 69　スキット② 71
スキット① 70　スキット③ 72

問題1 スキットを聞いて、話している人は何を助けてもらいたいと思っているか、書いてください。

	助けてもらいたいこと
①	
②	
③	

一度聞いてわからなかった人は、次(つぎ)の言葉(ことば)を確認(かくにん)してからもう一度聞きましょう。

司会(しかい)	①	②	③
地域住民(ちいきじゅうみん)	主人任(まか)せ	独(ひと)りもん←独(ひと)り者(もの)	(〜までの)足
助(たす)け合(あ)い	電球(でんきゅう)が切(き)れる	定年(ていねん)になる	時間帯(じかんたい)
近所(きんじょ)づきあい	棚(たな)	血圧(けつあつ)	(〜を)調整(ちょうせい)する
ご近所さん	ぐらぐらする	てきぱきする	保育園(ほいくえん)
支援(しえん)			ついでの時に
気軽(きがる)に			育児(いくじ)
ネットワーク			(〜の)介護(かいご)

問題2 話している人は、問題解決(かいけつ)のために何をした経験(けいけん)がありますか。

	したことがある・今している
①	自分で直(なお)した ・ 若(わか)い人に頼(たの)んで来てもらった ・ 知(し)り合(あ)いに頼んで来てもらった
②	本を見て作ってみた ・ 料理教室に行ってみた ・ 知り合いに教えてもらった
③	タクシーを使っている ・ バスを使っている ・ 自転車を使っている

問題3 話している人は、自分の知(し)り合(あ)いに頼(たの)むことに対(たい)してどのように考えていると思いますか。クラスで話(はな)し合(あ)いましょう。

ポイントリスニング

ポイントリスニング 73

依頼(いらい)をしていますか。それとも、指示(しじ)をしていますか。✔を書いてください。

	①	②	③	④	⑤	⑥	⑦	⑧
依頼								
指示								

重要表現

依頼をする

例 (1) **悪いんだけど**、これ上の方に置いて、早く部長の確認、もらえる**ようにしてくんないかな**。 （練Ⅰ-① 同僚に）

(2) そこをなんとか**頼むよ**。 （練Ⅰ-① 同僚に）

(3) 金曜日の朝、10時ごろまでに、**なんとかなりませんか**。 （練Ⅰ-③ 店の人に）

(4) プリント見せ**てもらいたいなあって思ってたんだけど**。 （練Ⅰ-④ 友人に）

コーヒー、わたしの分も買ってき**てほしいんだけど／てくれないかな**。
引っ越しを手伝っ**てほしいなあって思ってるんだけど**。
この書類、コピーし**てもらってもいい？**
コピー、明日までに、**できる？**

【断られて再度依頼】

そこをなんとか | **お願い。** ／ **頼む（よ）。** | 明日必ず返す**から**。

午前中だけ**でもいいんだけど、（どうしても）** | **無理かな？** ／ **難しいかな？**

この仕事、明日までに仕上げ**てもらいたいんですが／ていただきたいんですが**。
会議の時間を変更し**ていただけるとありがたいんですが**。
これ、課長に渡し**てもらってもいいですか**。
これ、明日までに | 完成させる**こと（が）できますか**。 ／ 完成させ**てもらうの（は）難しいですか**。 ／ 完成させ**ていただくこと（は）可能でしょうか**。

【断られて再度依頼】

終わり次第、すぐにかけつけます**ので**、 ／ 会っていただくだけ**でもいいので**、 | **なんとかお願いできないでしょうか**。

その時間しか全員が集まれる日がなさそう**なんですが、（どうしても）無理でしょうか**。

次のような場合はどう言いますか

練習A 74　練習B 75

A. 依頼をする

①と④は相手が引き受けてくれる会話、②と⑤は断られる会話を考えてみましょう。

①（学校で友人に）昨日授業を休んでしまったので、ノートを見せてほしいと思っている。
②（学校で友人に）あさって統計学の試験があるので、これまでの授業のノートを見せてほしいと思っている。
③（学校で友人に）②で断られたが、もう一度頼んでみる。
④（美容院に電話で）来週の予約の時間を、1時間後ろにずらしてもらいたい。
⑤（歯医者に電話で）今日の夕方の予約を、1時間後ろにずらしてもらいたい。
⑥（歯医者に電話で）⑤で断られたが、30分でいいのでずらせないか頼んでみる。

B. 前置きをしてから依頼をする

ヒントを参考に考えてみましょう。

ヒント！

今、手、空いてる？　悪いんだけど　今、ちょっといい？
もし予定空いてたら　今、お時間大丈夫ですか　ちょっと頼みたいことがあって
今、ちょっとよろしいですか　こんなことお願いするのは申し訳ないんですが

① 今ゲームをしているルームメートに／トイレの水が止まらないので見てほしい
② 職場で同じプロジェクトを担当している同僚に／プレゼン資料のドラフトができたので見てほしい
③ 友人に／きのうベッドを買ったので、週末に組み立てを手伝ってほしい
④ 隣の家の人に／来週のゴミ当番をかわってほしい

依頼を引き受ける

例　(1) じゃ、さりげなく、上の方に出し**ときますね。**　(練 I-① 同僚に)

【快く引き受ける】

うん、｜わかった／了解。
　　　｜いいよ。

オッケー。

まかしといて。

じゃ、やっとくね。

【しかたなく引き受ける】

まあ、いいよ。

うん、いいよ／けど。今回だけね／だよ。

【快く引き受ける】

わかりました。

ええ、いいですよ。

じゃ、｜しときます。
　　　｜しておきます。

【しかたなく引き受ける】

ん…　わかりました。

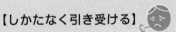

次のような場合はどう言いますか

練習A 76　練習B 77

A. 依頼を引き受ける

②～④は、a) 快く引き受ける場合と、b) しかたなく引き受ける場合の両方を考えてみましょう。

① 同僚：あの、村田さん、わたし、奥の部屋で作業してるんで、部長が戻ったら教えてもらえますか。

　：＿＿＿＿＿＿＿＿＿＿＿＿＿＿＿＿＿＿＿＿＿＿＿＿＿＿＿＿。

② 友人　：ね、ね、エリカ。あたし今日スペイン語のクラスに行けないんで、この宿題、先生に出しといてもらってもいい？

a) ：＿＿＿＿＿＿＿＿＿＿＿＿＿＿＿＿＿＿＿＿＿＿＿＿。
b) ：＿＿＿＿＿＿＿＿＿＿＿＿＿＿＿＿＿＿＿＿＿＿＿＿。

③ バイト仲間：な、加藤。俺、今日ちょっと早く上がりたいんだけど、店の鍵、頼める？

a) ：＿＿＿＿＿＿＿＿＿＿＿＿＿＿＿＿＿＿＿＿＿＿＿＿。
b) ：＿＿＿＿＿＿＿＿＿＿＿＿＿＿＿＿＿＿＿＿＿＿＿＿。

④ 同僚　：中尾さん、あしたからニュージーランドに出張ですよね？　ハチミツ、買って来てもらってもいいですか。

a) ：＿＿＿＿＿＿＿＿＿＿＿＿＿＿＿＿＿＿＿＿＿＿＿＿。
b) ：＿＿＿＿＿＿＿＿＿＿＿＿＿＿＿＿＿＿＿＿＿＿＿＿。

B. お礼を言う

① 先生が推薦状を書いてくれることになった

先生　：今月末が締め切りですね。わかりました。書いておきます。

あなた：＿＿＿＿＿＿＿＿＿＿＿＿＿＿＿＿＿＿＿＿＿＿＿＿。

② 電子レンジを買った。配達にはお金がかかるので、車を持っている友人が助けてくれて、今二人で部屋まで運び入れた

友人　：じゃ、俺、今日はこれで帰るわ。また来週。

あなた：＿＿＿＿＿＿＿＿＿＿＿＿＿＿＿＿＿＿＿＿＿＿＿＿。

依頼を断る

例　(1) 金曜日の10時ですか。いや、ちょっと、きついっすね。　(練I-③ 客に)

明日？　うーん、ちょっと
- 厳しい　かも。
- 難しい　なあ。
- 申し訳ないけど…。

ごめん。ちょっと無理。

明日ですか。うーん、
- 明日には、できないかもしれませんね。
- 明日は厳しいですね。
- 難しいですね。

今週中ですか。そうですね…。今週中に、できるかどうか、ちょっとわからないんですけど。

今週ですか。来週なら可能なんですが。

今週ですか。申し訳ありませんが…。

依頼をあきらめる

例　(1) でも、いいよ。誰か他の人、探してみるから。　(練I-④ 友人に)

そっか、／そう…、　わかった。

じゃ、
- いいよ。
- ちょっと、他の人にきいてみるよ／から。

大丈夫、何とかなると思うから。

そうですか。わかりました。

じゃ、他の人に
- あたってみます。
- きいてみます。

大丈夫です。何とかなると思いますから。

次のような場合はどう言いますか

練習A 78　練習B 79

A. 依頼を断る

①

友人：あ、休みに実家に帰んの？　なら、名古屋のきしめん、買って来てもらえない？　テレビで見て、食べたいなって思ってたんだよね。

（実家から持って帰って来る荷物が多いので断りたい…）

あなた：

②

近所の人：ね、沢田さん、沢田さんって中国語がおできになるんですよね？　わたし、来月北京に行くんですよ。簡単な会話、教えてもらえません？

（忙しいので断りたい…）

あなた：

③

同僚：あのう、これ、あしたのミーティングの資料なんですけど、帰るまでに見といてもらえますか。

（今日は５時に会社を出たいので断りたい…）

あなた：

④

クラスメート：ね、阪本さんのお兄さんって、すっごいピアノ、うまいんでしょ？　わたしの結婚式の披露宴で、ちょっと弾いてもらうのって無理かな。

（兄は人前で演奏したがらないので断りたい…）

あなた：

B. 依頼を断る／断られてあきらめる

ヒントを参考に考えてみましょう。

ヒント!

気にしないで　ごめんね　あとでよかったら　大丈夫　なんとかなる
きいてみる　頼んでみる　すみません　打ち合わせが入ってて

① ルームメート：な、土曜日、自転車借りられる？
あなた　：土曜日？　うーん、土曜日はちょっと無理かも。＿＿＿＿＿＿＿＿。
ルームメート：そっか、わかった。＿＿＿＿＿＿＿＿。

② 同僚　：中野さん、今ちょっといいですか。この英文、日本語にどう訳したらいいかわからなくて。ちょっと助けてもらえるとありがたいんですが。
あなた：今からですか。＿＿＿＿＿＿＿＿＿＿＿＿＿＿＿＿。
同僚　：あ、そうですか。＿＿＿＿＿＿＿＿＿＿＿＿＿＿＿＿。

指示する

例
(1) 元気よくあいさつを**する**。ニコニコ笑顔を忘れ**ない**。　(練 I-② 店長が従業員に)
(2) 水の節約に心がけ**てください**。　(練 I-② 店長が従業員に)
(3) メールでの提出はしない**ようにお願いします**。　(練 I-⑤ 教師が学生に)

このプレゼン、明日までに**できる？**
この書類、今日中に作っ**てもらえるかなあ**。
遅れるときは電話**する**｜(**こと**)。／**ように**。
遅れるときは電話し**て**。
遅刻し**ない**｜(**こと**)。／**ように**。
遅刻し**ないで**。

A4で提出し**てください**。
今日中に直し**てもらえますか**。
期日に間に合う／期限に遅れない｜**ようにしてください**。／**ようにお願いします**。
お待ち／ご注意｜**ください**。

次のような場合はどう言いますか

練習 ◀)) 80

① 面接官が面接を受ける人に
　a）どうぞお座りください。
　b）座ってくださいませんか。

② 学生が教師に
　a）よくわからなかったので、もう一度説明していただけませんか。
　b）よくわからなかったので、もう一度ご説明ください。

③ 病院で看護師が患者に
　a）こちらの質問用紙に記入するようにしてください。
　b）こちらの質問用紙にご記入ください。

④ 客が運送会社の人に
　a）その箱は、奥の部屋にお願いします。
　b）その箱は、奥の部屋にお入れください。

⑤ ホームの乗客に向けたアナウンス
　a）２番線、ドアが閉まります。注意すること。
　b）２番線、ドアが閉まります。ご注意ください。

ロールプレイ

① スキット③の前半（◀)) 64）を聞いて、話の続きをペアで作ってみましょう。

② スキット④の前半（◀)) 66）を聞いて、話の続きをペアで作ってみましょう。

③ こんな時、どのように言いますか。

体調がよくないので、友人に自分の代わりに留学説明会に行って話を聞き、資料をもらってきてほしいと頼みます。断る場合と引き受ける場合を考えてください。

会社の上司に、理由をつけて（例：データの分析にもう少し時間がかかる）プレゼンの日程を変えてもらいたいと頼みます。受け入れてもらえる場合と受け入れてもらえない場合を考えてください。

LESSON 6

「今もらえないと、困(こま)るんだけどね」—文句(もんく)・苦情(くじょう)—

ホテルやレストランで文句(もんく)を言ったり聞いたりしたことがありますか。
その時、どんな表現(ひょうげん)を使いましたか。 または、使われていましたか。

こんなとき、どう言いますか

話している人が不満(ふまん)に思っている、または、文句(もんく)や苦情(くじょう)を言っているものに✔を書いてください。

①

ア）（　）	電話、	どうしてくれなかったんですか。
イ）（　）		いつ、くれましたか。

②

ア）（　）	飲み物は、オレンジジュース	ですか。
イ）（　）		だけなんですか。

③

ア）（　）	日曜日、1時間	友達(ともだち)を待ちました。
イ）（　）		友達に待たされました。

④

ア）（　）	母に手紙を	読んでもらいました。
イ）（　）		読まれました。

⑤

ア）（　）	このシャツ、昨日(きのう)買ったんですが、	汚(よご)れているんですけど。
イ）（　）		汚しちゃったんですけど。

⑥

ア）（　）	明日までに、これ、	直(なお)してくれないと困(こま)るんですよ。
イ）（　）		直してくれますか。

⑦

ア）（　）	今週の宿題(しゅくだい)は、3ページ	ですよ。
イ）（　）		もあるんですよ。
ウ）（　）		しかないんですよ。

聞き取り練習 Ⅰ

スキット① 81　スキット③ 84　スキット⑤ 87
スキット② 83　スキット④ 86　スキット⑥ 88

問題1 スキットを聞いて、次の質問について答えてください。
(1)誰と誰が、(2)何について文句や苦情を言っていますか。そして、(3)その文句や苦情は最終的に解決されましたか。

(1)誰と誰？　ア．上司と部下　イ．友人同士　ウ．チケットカウンターの係と客
　エ．駅員と乗客　オ．ホテルのフロントと宿泊客　カ．夫婦

(2)何について？
a. おみやげの買い物をすること　b. 相手が自分でなにもしないこと
c. 新幹線が遅れていること　d. 財布が盗まれたこと
e. シャワーのお湯が出ないこと　f. チケットの引き換えを行うこと

	(1)誰と誰	(2)何について	(3)解決されたかどうか
①			○・×・？
②			○・×・？
③			○・×・？
④			○・×・？
⑤			○・×・？
⑥			○・×・？

一度聞いてわからなかった人は、次の言葉を確認してからもう一度聞きましょう。

①	②	③
いったい　事情 ちゃんと説明する　特急料金 到着駅　払い戻し(を)する ったく←まったく	ウエストポーチ　内ポケット スリにあう　うわさ 用心が足りない　(〜に)届ける 不幸中の幸い	洗面所 お湯の出が悪い (〜に)不便をかける かしこまりました
④	**⑤**	**⑥**
リムジンバス　俺 うるせえ←うるさい	免税店　搭乗(の)時間 (〜を)済ませる　機内	引き換え　控え 〜の分　仮の〜 (〜を)発行する　窓口

問題2 もう一度スキットを聞いて、正しい内容を選んでください。

① 新幹線を [a. 30分 / b. 1時間 / c. 2時間] も待っている。理由は [d. わからない / e. 脱線したから] らしい。

新幹線が来るのはあと [f. 30分後 / g. 1、2時間後] で、特急料金は [h. 始発駅 / i. 到着駅] で払い戻される。

② 美術館で [a. ポケット / b. ウエストポーチ] に入れていた [c. クレジットカード / d. 財布] がなくなった。

二人は、警察に [e. 届ける / f. 届けない] ことにした。

③ [a. 洗面所の水道 / b. シャワー] からお湯が出ない。[c. 今朝 / d. 昨日] 、そのことをフロントに電話したが、

まだ直っていない。そこで [e. 別の部屋 / f. 別のホテル] に泊まることになった。

④ 友人に [a. リムジンバスの予約を / b. バスの時刻を調べるように] 頼んだが、友人は [c. 英語ができない / d. 病気になった] ので、

するのを嫌がった。

⑤ もうすぐ [a. 搭乗 / b. チェックイン] の時間なので急いだほうがいいが、部長は

どうしても [c. おみやげだけは買いたい / d. トイレだけは行きたい] と言っている。

⑥ 客はチケットを [a. 買い / b. 引き換え] に行ったが、[c. 午前中は / d. 電話では] それができない。

そこで、店員は代わりに [e. 同じチケット / f. 仮のチケット] を発行した。

問題3 もう一度スキットを聞いて、どのような表現を使って文句や苦情を言ったのか、書いてください。また、スキットの表現以外に、どんな言い方が適切か、クラスで話し合いましょう。

問い① 81, 82　問い③ 85　問い⑤ 87
問い② 83　問い④ 86　問い⑥ 88

	どのように言いましたか	同じような相手と場面で、他にどんな言い方ができますか
①		
②		
③		
④		
⑤		
⑥		

聞き取り練習 Ⅱ

スキット① 89　スキット② 90　スキット③ 91

問題1 あるレストランでの出来事について、①男性客、②ウェイター、③出来事を見ていた女性客が、知り合いに話をしています。それぞれの話を聞いて、質問に答えてください。それぞれの人は、誰についての不満を言っていますか。

	誰についての不満を言っているのか
①男性客	
②ウェイター	
③女性客	

一度聞いてわからなかった人は、次の言葉を確認してからもう一度聞きましょう。

①	②	③
わざわざ	細かいこと	むちゃくちゃ〜
子連れ	(〜に)いちいち文句を言う	偉そう(な)
冷めている	予約席	(〜を)にらむ
にこりとする	態度がでかい←態度が大きい	騒ぐ
さっさと		台無しになる
応対		
支配人		

問題2 それぞれの人は、何についての不満を言っているのか、書いてください。

①男性客	
②ウェイター	
③女性客	

問題3 話している人は、それぞれの人がどうするべきだと思っていますか。クラスで話し合いましょう。

ポイントリスニング

ポイントリスニング 92

質問していますか。それとも、文句を言っていますか。✔を書いてください。

	①	②	③	④	⑤	⑥	⑦	⑧
質問								
文句								

重要表現

文句・苦情を言う

例 (1) 新幹線、**いったい**いつになったら、来る**んだ**。（練 I-① 駅員に）
（しんかんせん）　　　　　　　　　　　　　　　　　　　　　　　　　　　　（えきいん）

(2) **だから**、財布はちゃんとジャケットの内側かウエストポーチの中に入れておいてって、言ってた**のに**。（練 I-② 夫に）

(3) まだ直ってない**っていうのは、どういうことなんですか**。（練 I-③ フロントに）

(4) もうそんな時間、１分もありません**って**。（練 I-⑤ 上司に）

(5) 買い物なら機内ででもできる**じゃないですか**。（練 I-⑤ 上司に）

休むんだったら、前もって言っとい **てほしかったんだけどなあ。** / **てほしいんだよね。**

だから、忘れないようにメモしてって言った**のに**。

どうして、昨日来**てくれなかったの？**

ここに置いちゃだめだ**って**。

こんなに遅くまで、**いったい**どこへ行ってた**んだよ**。（「〜んだよ」は男性的な表現）
（おそ）　　　　　　　　　　　　　　　　　　　　　　　（だんせいてき　ひょうげん）

いつになったら返し**てくれるわけ？**

ここは、撮影禁止ってことになってい**ますけど**。

クリーニングに出して汚れる**っていうのはどういうことなんですか**。

いったいいつ返し**てくださるんですか**。

次のような場合はどう言いますか

練習 93

① 友人に本を貸したが、何度返してほしいと言ってもなかなか返してくれない

あなた：あの本のことだけど、＿＿＿＿＿＿＿＿＿＿＿＿＿＿＿＿。

友人　：あ、ごめんごめん、明日、絶対、持って来る。

② レストランで注文したピザが、何度催促しても来ない
（ちゅうもん）　　　（さいそく）

あなた　　：あの、すみません。ピザ、さきほど、もうすぐって言われたんですけど、

＿＿＿＿＿＿＿＿＿＿＿＿＿＿＿＿。

ウェイター：大変、申し訳ありません。もう一度、確認してまいります。
（たいへん）（もう）（わけ）　　　　　　（かくにん）

③ いつも遅刻(ちこく)する友人(ゆうじん)が、今日もまた遅刻した

あなた：もう、遅刻しないって、言ってたのに。

　　　　遅(おく)れるんだったら、＿＿＿＿＿＿＿＿＿＿＿＿＿＿＿＿＿＿＿＿。

友人　：あ、ほんと、悪い悪い。なんか、慌(あわ)ててて。ほんと、ごめん。

④ 郵便局(ゆうびんきょく)に荷物(にもつ)を受(う)け取(と)りに来たが、郵便局にはまだその荷物が届(とど)いていない

郵便局員(ゆうびんきょくいん)：すみません、まだこちらには届いていないようなんですが。

あなた　：不在票(ふざいひょう)には、＿＿＿＿＿＿＿＿＿＿＿＿＿＿＿＿＿＿＿＿。

郵便局員：すみません。もう一度、調(しら)べてみますので、少々(しょうしょう)お待ちくださいますか。

事情(じじょう)を説明(せつめい)する・言(い)い訳(わけ)する

例　(1) でも、俺(おれ)ほんと英語だめな**んだって**。　(練 I-④ 友人(ゆうじん)に)

朝、目覚(めざ)ましが鳴(な)らなかった**んだ**。

留守電(るすでん)、聞いてなかった**んだって**。

だって、返(かえ)したと思ってた**んだもん**。

そのこと、田中(たなか)さんも知ってる**って思ったんだ (けど)**。

あの、朝、目覚(めざ)まし時計(どけい)が鳴(な)らなかった**んです**。

実(じつ)は、｜とても忙(いそが)しくして(い)**まして**。

　　　　｜連絡(れんらく)をいただいていたのを聞いていま**せんでして**。

すでにご連絡さしあげた**と思っていました**／**と思っていたものですから**。

次(つぎ)のような場合(ばあい)はどう言いますか　練習 94

① ハサンさんは中村(なかむら)さんと会う約束(やくそく)をすっかり忘(わす)れていた

中村　：もしもし、ハサンさん、今どこ？　大学のバス停(てい)に1時だったよね？

ハサン：ああ、ごめん！　＿＿＿＿＿＿＿＿＿＿＿＿＿＿＿＿＿＿＿＿。

② 友人(ゆうじん)に貸してほしいと頼(たの)まれていたノートを、昨日(きのう)も今日も持ってくるのを忘(わす)れた

友人　：ノート、今日、持ってきてくれた？

あなた：ああ、ごめん！

友人　：ええ、また、忘れたの？

あなた：うん。＿＿＿＿＿＿＿＿＿＿＿＿＿＿＿＿＿＿＿＿。

③ 会議資料がまだ半分しかできていない

係長　：明日の会議資料ですけど、できました？　今日締め切りだったと思うんですけど。

あなた：えっ、締め切り今日だったんですか。すみません、まだ半分しかできていないんです。締め切りは、明日＿＿＿＿＿＿＿＿＿＿＿＿＿＿＿＿＿＿＿＿。

係長　：え、そうなんですか。あのう、明日の会議前に目を通しておかないといけないから、急いでもらえます？

あなた：わかりました。

④ ゴミの日を間違えていた

近所の人：あれ、今日、ペットボトルの日ですけど。

あなた　：ああ、そうですか。缶の日＿＿＿＿＿＿＿＿＿＿＿＿＿＿＿＿＿＿＿＿。

近所の人：ときどき、わからなくなりますよね。

非難する

例　(1) こういうときは、ちゃんと説明し**てもらわないと困るんだよ**。　(練Ⅰ-① 駅員に)

(2) せっかく海外旅行してるんだから、自分でやらない**と意味ないじゃん**。　(練Ⅰ-④ 友人に)

(3) 今、もらえない**と、困るんだけどね**。　(練Ⅰ-⑥ 店員に)

来ないんだったら、連絡し**てくれないと、困るんだよ(ね)／けど**。

今すぐ｜持ってき**てもらえない**／持ってき**ていただけない**｜**と、困るんですが**。

次のような場合はどう言いますか　練習 95

① 友人の宮本さんは、あなたが貸していたゲームを持ってくるのをまた忘れた

あなた：ゲーム、持ってきてくれた？

宮本　：あっ、忘れた！

あなた：またあ？＿＿＿＿＿＿＿＿＿＿＿＿＿＿＿＿＿＿＿＿。

宮本　：ごめん。明日必ず持ってくる。

② アルバイトの学生が、急に週末休みたいと言ってきた

学生：あの、すみません。今週末いとこの結婚式があるので、休ませてもらってもいいですか。

店長：えっ、休みたい日は１週間前に＿＿＿＿＿＿＿＿＿＿＿＿＿＿＿＿。

学生：すみません。次からは気をつけます。

③ クリーニング店で。今日できているはずのスーツがまだできていない

客：これ、お願いします。(伝票を出す)

店員：はい。…あの、申し訳ございません。まだできてないようなんですが。

客：えー、できているはずですよね。＿＿＿＿＿＿＿＿＿＿＿＿＿＿＿＿。

店員：申し訳ございません。２、３時間後にはお渡しできると思いますので、こちらに届きましたらすぐお電話させていただきます。

④ レストランで。注文したお好み焼きはイカ入りだが、豚肉入りのお好み焼きが来た

ウェイター：お待たせいたしました。

客：あの、すみません、これ、豚肉ですよね。

ウェイター：はい。

客：イカのを注文したはずなんですが。
お肉は食べられないので、＿＿＿＿＿＿＿＿＿＿＿＿＿＿＿＿。

ウェイター：申し訳ありません。すぐに作り直します。

ロールプレイ

① スキット①の前半（🔊81）を聞いて、話の続きをペアで作ってみましょう。

② スキット③の前半（🔊84）を聞いて、話の続きをペアで作ってみましょう。

③ こんな時、どのように言いますか。

ルームメートはおもしろくていい人なのですが、部屋の掃除をほとんどしません。それに台所を使った後も、フライパンや食器をなかなか片づけてくれません。

夜、泊まっているホテルに戻ると、部屋の机の上に置いていた書類がなくなっていました。ホテルのフロントに電話をかけてください。

LESSON
7

「中華のほうがいいんじゃない?」
ちゅうか
―提案―

晩ご飯を一緒に食べに行くことになりました。どこで食べるか提案する時に、
ばん はん いっしょ ていあん
相手が、先生と友人の場合で、言い方をどのように変えますか。
あいて ゆうじん ば あい か

こんなとき、どう言いますか

①話し合いの場で、意見を述べています。相手に「そうするように促している」ものと、「アイデア
はな あ ば の うなが
として伝えている」ものがあります。「アイデアとして伝えている」ものに✔を書いてください。
つた

ア) a.(　) 留学生にアンケートをしてきいてみたら?
りゅうがくせい
b.(　) 留学生にアンケートをしてきいてみるっていうのはどうかな?

イ) a.(　) 週末のミーティングは避けたほうがいいかもしれないですね。
しゅうまつ さ
b.(　) 週末のミーティングは避けてもらえませんか。

ウ) a.(　) レストラン、中華にすれば?
ちゅうか
b.(　) レストラン、中華とか、どう?

エ) a.(　) まず、ホームページを作るところから始めてみてもいいかなって。
b.(　) まず、ホームページを作るところから始めなきゃ。

オ) a.(　) このオフィスのコーナーに、ちょっとした休憩スペースを
きゅうけい
作るっていうのはどうでしょう。
b.(　) このオフィスのコーナーに、ちょっとした休憩スペースを
作ればいいんじゃないですか。

②自分の提案を、よりソフトに相手に伝えているのはどちらですか。
ていあん あいて つた

ア) a.(　) ウェブサイトを作るのはどうかなあ。
b.(　) ウェブサイトを作ったらどうですか。

イ) a.(　) 冬は温泉のほうがいいでしょうねえ。
おんせん
b.(　) やっぱり、冬は温泉ですよ。

ウ) a.(　) ゼミの打ち上げ、居酒屋にしようよ。
う あ いざかや
b.(　) ゼミの打ち上げ、居酒屋にする?　中華にする?
ちゅうか

聞き取り練習 I

スキット① 96　スキット③ 99　スキット⑤ 102
スキット② 97　スキット④ 101

問題1 スキットを聞いて、次(つぎ)の質問について答えてください。
(1)誰(だれ)と誰が、(2)何について話していますか。そして、(3)どんな提案(ていあん)をしていますか。
(4)結果(けっか)はどうでしたか。

(1) 誰と誰？　ア. 夫婦(ふうふ)　イ. 上司と部下(じょうし と ぶか)　ウ. 近所の人同士(きんじょ どうし)　エ. 先輩と後輩(せんぱい こうはい)
(2) 何について？　a. 商品開発(しょうひんかいはつ)　b. 道が危ない(あぶ)こと　c. 食事の場所(ばしょ)　d. 出店場所(しゅってん)
e. 夏休みの過(す)ごし方

	(1)誰と誰	(2)何について	(3)提案内容(ないよう)	(4)結果
①				賛成(さんせい)・反対(はんたい)・保留(ほりゅう)
②				賛成・反対・保留
③				賛成・反対・保留
④				賛成・反対・保留
⑤				賛成・反対・保留

一度聞いてわからなかった人は、次(つぎ)の言葉(ことば)を確認(かくにん)してからもう一度聞きましょう。

①	②	③	④	⑤
田舎(いなか)	鋭い(するど)	企画会議(きかくかいぎ)	取り柄(とえ)	有力候補(ゆうりょくこうほ)
自然(しぜん)に触(ふ)れる	冷や汗(ひあせ)(をかく)	売(う)り上(あ)げが伸(の)びる	車にひかれる	(〜と)競合(きょうごう)する
たくましい	上出来(じょうでき)	消費者(しょうひしゃ)の声(こえ)	交通量(こうつうりょう)	ターゲット
ちっちゃい←小さい	打ち上げ(うあ)	商品(しょうひん)モニター	歩道(ほどう)	客層(きゃくそう)
しっかりする	個人的(こじんてき)に	ターゲット	通学路(つうがくろ)	コストを抑(おさ)える
積極的(せっきょくてき)(な)	定番(ていばん)	(20)代(だい)	(〜に)声(こえ)をかける	魅力(みりょく)
		生(なま)の声		運送(うんそう)
		(〜が)ポイントになる		出足(であし)が鈍(にぶ)い
		具体的(ぐたいてき)(な)		(〜を)検討(けんとう)する

問題２ もう一度スキットを聞いて、正しい内容を選んでください。

① 男の人は、子どもをホームステイさせたいと思っているが、

それは [a. 子どもにとっていい思い出になる / b. 子どもがしっかりしてきて何でも自分でするようになった] と思っているからだ。

女の人は、[c. 子どもはたくましいから大丈夫だ / d. 子どもはまだ小さいから心配だ] と思っている。

男の人は、[e. 同僚に / f. 子どもに] ホームステイプログラムについて詳しくきくことにした。

② 女の人は、タイ料理の店で打ち上げをするのは [a. 問題がない / b. 問題がある] と思っている。

なぜなら、先生は、２年前の打ち上げで、[c. ベトナム料理 / d. インド料理] をほとんど食べなかったからだ。

③ 最近、[a. 20代から30代の女性向けの商品 / b. 20代から30代向けの商品] の売り上げが伸びていない。

それで、小坂さんは消費者に [c. 商品についてのアイデアを出してもらう / d. 商品モニターになってもらう] という提案をした。

④ 最近、近所の子どもが [a. 車にひかれた。 / b. 車にひかれるところだった。] その道路は [c. 歩道がない / d. いつも混んでいる]

ので危ない。そこで、[e. 二人で / f. 近所の人と一緒に] 市役所に行って相談することにした。

⑤ 駅前のいい点は、[a. コーヒーショップが多くない / b. コーヒーショップが多い] ことと、[c. 土地が広い / d. 土地が高くない] ことだと、

提案している男の人は思っている。しかし、[e. 駅前のオフィスビルは空きが多い / f. 駅前のオフィスビルは新しすぎる] と

思っている人もいる。

問題3 もう一度スキットを聞いて、どのような表現を使って提案をしたのか、書いてください。また、スキットの表現以外に、どんな言い方が適切か、クラスで話し合いましょう。

問い① 96　問い③ 100　問い⑤ 102
問い② 98　問い④ 101

	どのように言いましたか	同じような相手と場面で、他にどんな言い方ができますか
①		
②		
③		
④		
⑤		

聞き取り練習 Ⅱ

スキット① 103　スキット② 104　スキット③ 105

問題1 「持続可能な社会を目指して」という雑誌の特集記事のためのインタビューです。どのような取り組みが行われましたか。または、提案されていますか。

	提案内容
①	
②	
③	

一度聞いてわからなかった人は、次の言葉を確認してからもう一度聞きましょう。

①	②	③
持続可能(な)(じぞくかのう)　御社(おんしゃ) 個別包装(こべつほうそう)　試しに(ためしに) (～が)湿気る(しける)　消費者(しょうひしゃ) (～から)声が寄せられる(こえがよせられる) 折衷案(せっちゅうあん)　(～を)検討する(けんとうする)	育児(いくじ)　議論(ぎろん)　交替で(こうたいで) 在宅勤務(ざいたくきんむ)　時差出勤(じさしゅっきん) 反応(はんのう)　社内託児所(しゃないたくじしょ)	食品ロス(しょくひんロス)　消費期限(しょうひきげん) 値引きする(ねびきする)　売れ残る(うれのこる) 廃棄処分(はいきしょぶん)　仕入れ(しいれ) 頻度(ひんど)

問題2 その提案は、すでに実行されていますか。それとも、まだ実行されていませんか。また、それに対してどのような反応がありましたか。

	すでに実行されている・まだ実行されていない	反応
①		
②		
③		

問題3 話している人は、その提案についてどのように思っていますか。クラスで話し合いましょう。

ポイントリスニング

ポイントリスニング 106

提案をしているのか、提案に対する意見を述べているのか、✔を書いてください。

	①	②	③	④	⑤	⑥	⑦	⑧
提案している								
提案に対する意見								

重要表現

提案を述べる

例 (1) 健を田舎で過ごさせよう**かなって思ってるんだけど。** (練 I-① 妻に)

(2) あそこ、けっこういい**と思うんですけど。**先輩**どうですかねえ。** (練 I-② 先輩に)

(3) ちょっと定番すぎるかもしれないけど、「上海テーブル」**にしない?** (練 I-② 後輩に)

(4) ターゲットになる 20 代から 30 代の女性に集まってもらって、アイデアを出してもらうような場を作っ**たらどうかと考えているんですが、いかがでしょうか。** (練 I-③ 上司に)

(5) 市役所に行って相談してみる**っていうのもいいかもしれませんね。** (練 I-④ 近所の人に)

(6) 近所の皆さんに声をかけ**てみましょうか。** (練 I-④ 近所の人に)

(7) 大崎の駅前が有力候補として挙げられる**のではないかと考えております。** (練 I-⑤ 会議の出席者に)

メキシコ料理**とか (は) ?**

打ち上げ、5時**にする?** 6時**にする?**

待ち合わせは、現地**っていうのは?**

待ち合わせは、現地 **(のほう) がいいんじゃない?**

イラストを使っての説明**は** / イラストを使って 説明し**たら** / 説明する**のは** ｜ **どうかな (って思うんだけど/って思って)。**

今決めずに、課長に相談してから**でもいいかなって。**

来週の火曜日**っていうのは** ｜ **どうでしょう。** / **どうですかね?**

詳しい市場調査をし**たほうがいいと思うんですが、いかがでしょうか。**

まずネットで安いところを調べてみ**たらどうかと思うんですが。**

ネットでいろんな製品を見てから決める**っていうのもいいかもしれませんね。**

次の出店は、駅の構内**がいいのではないかと考えています。**

外注を増やすの**も一案だと思います。**

現地に行く必要のない打ち合わせは、オンラインでする**という方法が考えられる (か) と思います。**

次のような場合はどう言いますか

練習 107

① 気になっている人に話しかけたがっている友人に

友人　：その子とさ、毎朝おんなじバスなんだけど、何て言って話しかけたらいいと思う？

あなた：そうだな。＿＿＿＿＿＿＿＿＿＿＿＿＿＿＿＿＿＿。

② 上司に何と言えばいいか考えている同僚に

同僚　：実はうちの子、週末に腕の骨、折っちゃったんですよ。で、たくさん荷物がある日は学校まで迎えに行ってやりたいって思ってるんですけど、今週、いつもより早く帰りたいって課長に言ってもいいと思います？

あなた：そうですね。＿＿＿＿＿＿＿＿＿＿＿＿＿＿＿＿＿＿。

③ 週末一緒にご飯を食べることになっている友人に

友人　：な、週末何食べに行く？

あなた：うーん、＿＿＿＿＿＿＿＿＿＿＿＿＿＿＿＿＿＿。

④ 職場の会議でコスト削減案を提案する

同僚　：では、本日一つ目の議題になっていますコスト削減に関して、ご意見お願いします。

あなた：＿＿＿＿＿＿＿＿＿＿＿＿＿＿＿＿＿＿＿＿＿＿＿＿。

提案に賛成する

例　(1) あ、わかりました。　　(練Ⅰ-② 先輩に)

　　(2) あ、それいいですね。　　(練Ⅰ-④ 近所の人に)

うん、｜そうだね／そうしよう。
　　　｜賛成！

うん、5時で／が｜いいと思う（けど）。
うん、それ（で／が）｜いいんじゃない？

うん、わたしは、問題ないと思うけど。

ん、わかった／了解。

わたしもそう思います。
(わたしも) 賛成です。

5時で／が	いいと思います。
それ (で／が)	いいんじゃないでしょうか。

はい、わかりました。
はい、じゃ、予約入れておきます。

次のような場合はどう言いますか

練習 108

① 店長　：ええと、電気代節約のために、常時スタッフルームの室温を 27 度に設定するっていうのを考えているんですけど。

従業員：＿＿＿＿＿＿＿＿＿＿＿＿＿＿＿＿＿＿＿＿＿＿＿＿。

② 友人　：浩美の誕生日のサプライズディナー、どこがいいかな。駅ビル3階のイタリアンとか？

あなた：＿＿＿＿＿＿＿＿＿＿＿＿＿＿＿＿＿＿＿＿＿＿＿＿。

③ 同僚　：今度のプレゼンには、社長もお呼びして、意見を聞いてもらうっていうのはどうでしょうか。

あなた：＿＿＿＿＿＿＿＿＿＿＿＿＿＿＿＿＿＿＿＿＿＿＿＿。

④ 学生　：プレゼンの担当だけど、俺、資料まとめるから、お前がスライド作ってくれるってのはどうかなって思って。

あなた：＿＿＿＿＿＿＿＿＿＿＿＿＿＿＿＿＿＿＿＿＿＿＿＿。

提案に反対する

例 (1) **でも、**まだちっちゃいし、大丈夫**かな。** (練 I-① 夫に)

(2) **うん、個人的にはね、OK なんだけど、**石井先生、ああいうの、だめなんだ。 (練 I-② 後輩に)

(3) ま、生の声を聞くのは大事だと思います**けど、**どうやってデータを集めるかがポイントになる**んじゃないのかなあ。** (練 I-③ 部下に)

(4) **でも、**大崎**って、**今出してるうちのショップからはちょっと遠い**でしょ。**運送コストがかかる**んじゃないの？** (練 I-⑤ 部下に)

うーん、でも、それって、あんまりよくないかも。
うーん、でも、それって、時間がかかりそう。

えー？　それ、定番すぎるんじゃない？

いやあ、でも、予算のこともあるしね。

そうですね、／うーん、／えー？　でも、全員参加って、難しそうですね。

それ、ちょっと難しいかもしれないですね。

でも、それって、ちょっと高くつくんじゃないですか。
でも、それって、ちょっと高くつきますよね。

うーん、でも、予算のこともありますしね。

代案を提示する

駅より、現地で待ち合わせる／待ち合わせたほうがいいんじゃないかな。

直接言わなくても、メールで伝えてもいいんじゃない？
直接言わなくても、メールで伝えればいいんじゃない？

飲み物は、飲みたい物を各自持って来るっていうやり方もあると思うけど。
飲み物は、飲みたい物を各自持って来てもらうっていうのもありなんじゃない？

紙で渡すより、メールで送る／送ったほうがいいんじゃないでしょうか。

中止するのもありだと思うんですが、オンライン開催を検討してみてはどうでしょうか。

ホームページを作るっていう方法も考えられるんじゃないでしょうか。
ホームページを作るっていう方法もありなんじゃないでしょうか。

答えを保留する

うーん、もうちょっと考えさせて。

もうちょっと考えてもいい？

少し時間くれる？

うーん、もう少しよく考えませんか／もう少し考えてみませんか。

うーん、もう少し検討させてもらえますか。

少しお時間いただけますか。

次のような場合はどう言いますか

練習A 109　練習B 110

A. 提案に反対する

① 店長　：ええと、電気代節約のために、常時スタッフルームの室温を27度に設定するっていうのを考えているんですけど。

従業員：＿＿＿＿＿＿＿＿＿＿＿＿＿＿＿＿＿＿＿＿。

② 友人　：浩美の誕生日のサプライズディナー、どこがいいかな。駅ビル3階のイタリアンとか？

あなた：＿＿＿＿＿＿＿＿＿＿＿＿＿＿＿＿＿＿＿＿。

③ 同僚　：今度のプレゼンには、社長もお呼びして、意見を聞いてもらうっていうのはどうでしょうか。

あなた：＿＿＿＿＿＿＿＿＿＿＿＿＿＿＿＿＿＿＿＿。

④ 学生　：プレゼンの担当だけど、俺、資料まとめるから、お前がスライド作ってくれるってのはどうかなって思って。

あなた：＿＿＿＿＿＿＿＿＿＿＿＿＿＿＿＿＿＿＿＿。

B. 提案に賛成できないことを示す

ヒントを参考に考えてみましょう。

ヒント!

えー　うーん　いやあ　〜ねえ　〜ですか
そうですね　どうかな　〜もありだけど　ただ　確かに

① 旅行の出発の時間について

友人　：ね、道が混むから、出発はできるだけ早いほうがいいと思うんだけど。例えば、朝の5時とか。

あなた：＿＿＿＿＿＿＿＿＿＿＿＿＿＿＿＿。それって早すぎない？

② アンケートの回収方法について

部下：あのう、来場者からのアンケートなんですけど、QRコードでアクセスしてもらって、スマホで答えてもらったらどうかと思うんですが。

上司：＿＿＿＿＿＿＿＿＿＿＿＿＿＿＿＿。このイベントのターゲットは中高年の方でしょ？　ハードル高いんじゃないかな。

③ 推薦状を書いてもらう先生について

友人　：森川先生に、大学院の推薦状頼んだら、書いてくれるかな。どう思う？

あなた：________________________。森川先生って授業は教えてるけど、この大学の先生じゃないから、他の先生のほうがいいかも。

④ 店の入り口にゴミが捨てられている問題について

従業員：ここ、何もないからゴミが捨てられると思うんですよ。例えば、花でも置いてみるのがいいのではないかと思うんですが。花が咲いてたら、ゴミとか捨てにくいじゃないですか。

あなた　：________________________。悪くないと思うんですけど、手入れが面倒ですよね。

ロールプレイ

① スキット②の前半（🔊97）を聞いて、話の続きをペアで作ってみましょう。

② スキット③の前半（🔊99）を聞いて、話の続きをペアで作ってみましょう。

③ こんな時、どのように言いますか。

サークルでお世話になった先輩が、家の事情で来月国に帰ることになりました。先輩のために友人と何かしたいと思っています。何をするか考えてください。

大学のゼミで地域の魅力を発信するプロジェクトに取り組みます。他の学生と話し合って、プロジェクトの内容を考えてください。

LESSON 8

「給料は悪くないんだけどね」

―感想―

仕事やアルバイトに満足していますか。不満な点がありますか。

こんなとき、どう言いますか

①満足しているのはどちらですか。✔を書いてください。

ア）a.（　　　）地方勤務にさせられたんだ。
　　b.（　　　）地方勤務にしてもらえたんだ。

イ）a.（　　　）うちの会社のいいとこって給料だけなんだよね。
　　b.（　　　）うちの会社、給料だけじゃないよ、いいとこ。

ウ）a.（　　　）もっと休みがほしいなあ。
　　b.（　　　）休みが多いの、ありがたいなあって思うよ。

②後悔しているのはどちらですか。✔を書いてください。

ア）a.（　　　）直接、文句なんか、言わなきゃよかったなあ。
　　b.（　　　）直接、文句、言わなくてよかった。

イ）a.（　　　）A社に入って、本当によかったなあ。
　　b.（　　　）A社に入ってたら、本当によかったんだけどなあ。

ウ）a.（　　　）あの時、病院に行っといてよかったよ。
　　b.（　　　）あの時、病院に行ったほうがよかったかもしんない。

エ）a.（　　　）どうして、あの時、転職しなかったんだろう。
　　b.（　　　）あの時、転職しなくて正解だったよ。

聞き取り練習 Ⅰ

スキット① 🔊 111　スキット③ 🔊 114　スキット⑤ 🔊 117
スキット② 🔊 113　スキット④ 🔊 116

問題1　スキットを聞いて、次の質問について答えてください。

(1) 誰と誰が、(2) 何について話していますか。そして、それぞれの人が (3) 今の仕事の
どんな点について、(4) 満足していますか、あるいは、不満に思っていますか。

(1) 誰と誰？　　ア．夫婦　　イ．上司と部下／先輩と後輩　　ウ．恋人同士　　エ．友人同士

(2) 何について？　a．今の仕事の内容　　b．定職がないこと　　c．転職したこと
　　　　　　　　　d．会社の同僚のこと

	(1)誰と誰	(2)何について	誰が	(3)今の仕事のどんな点について	(4)どんな気持ち
①			葵 あおい		満足・不満
②			女性 じょせい		満足・不満
③			部下の男性 ぶか　だんせい		満足・不満
④			女性		満足・不満
⑤			二人		満足・不満

🔊 一度聞いてわからなかった人は、次の言葉を確認してからもう一度聞きましょう。

①	②	③	④	⑤
内心 ないしん	でっかい←大きい	営業（する） えいぎょう	おやじ	データ入力 にゅうりょく
偉そう（な） えら	まいる	人事 じんじ	（〜に）昇進する しょうしん	単なる〜 たん
頭にくる あたま	定職に就く ていしょく　つ	様子 ようす	（仕事を）振る ふ	年金 ねんきん
愚痴 ぐち	販売員 はんばいいん	たいがい	事務の仕事 じむ	融通が利く ゆうずう　き
不景気 ふけいき	（仕事を）蹴る け	威張る いば	（〜を）雇う やと	正解 せいかい
正解 せいかい		頭を下げる あたま	（〜と）交渉する こうしょう	
相変わらず あいか		きつい		
		ノルマ（がある）		
		製薬会社 せいやくがいしゃ

問題2 もう一度スキットを聞いて、正しい内容を選んでください。

① 葵の以前の職場は［a. 上司が葵のことをよく怒った。／b. ボーナスがなくて、上司もよくなかった。］

今の職場は、［c. 給料がいい／d. 人間関係がいい］ので、葵は気に入っている。

② 男の人が疲れているのは、［a. 昨日引っ越しの仕事／b. 今朝も仕事］があったからだ。女の人は男の人と

一緒に住みたいが、男の人が［c. 定職に就くまで／d. 店長になるまで］一緒に住むのは無理だと思っている。

③ 木下さんは、最近［a. 人事から営業に／b. 営業から人事に］変わった。今の仕事は大変なこともあるが、

［c. ノルマはない。／d. 残業は多くない。］

④ ［a. 課長／b. 同期の山口君］が昇進したことに、妻は腹を立てている。

それは、妻が［c. 事務の仕事だけ／d. 事務の仕事だけでなく営業も］しているからだ。夫は、妻が会社を

［e. 変えたら／f. 辞めたら］いいと思っている。

⑤ 二人の仕事は［a. フリーター／b. コピーとデータ入力］で、［c. 給料が安い。／d. 自由がある。］

そのうちの一人が会社に感謝しているのは［e. 今の恋人に出会えた／f. 年金がもらえる］からだ。

問題3 もう一度スキットを聞いて、どのような表現(ひょうげん)を使って感想(かんそう)を述(の)べているのか、書いてください。また、スキットの表現以外に、どんな言い方が適切(てきせつ)か、クラスで話(はな)し合(あ)いましょう。

問い① 112　問い③ 115　問い⑤ 117
問い② 113　問い④ 116

		どのように言いましたか	同じような相手(あいて)と場面(ばめん)で、他(ほか)にどんな言い方ができますか
①	葵(あおい)の前の上司(じょうし)と前の仕事について		
②	男の人の昨日(きのう)の仕事について		
③	部下(ぶか)の今の仕事について		
④	妻(つま)の今の仕事と同僚(どうりょう)について		
⑤	二人の今の仕事について		

聞き取り練習 Ⅱ

スキット① 118　スキット② 119　スキット③ 120

問題1 会社や仕事について話しています。スキットを聞いて、どんな場面(ばめん)で話をしているのか、考えてください。

	話の場面
①	
②	
③	

一度聞いてわからなかった人は、次(つぎ)の言葉(ことば)を確認(かくにん)してからもう一度聞きましょう。

①	②	③
(〜に) 応募(おうぼ)する	建築学科(けんちくがっか)	紳士服(しんしふく)
業績(ぎょうせき)	在籍(ざいせき)する	(〜を) 扱(あつか)う
(〜に) 挑戦(ちょうせん)する	住宅(じゅうたく)　設計(せっけい)	(〜に) 勤務(きんむ)する
やりがい	(〜が) 目につく	(〜に) 配属(はいぞく)される
力を試(ため)す	(〜を) 写真に収(おさ)める	上下関係(じょうげかんけい)
御社(おんしゃ)	注文住宅(ちゅうもんじゅうたく)　ユーザー	社風(しゃふう)
	(〜の) 希望(きぼう)に沿(そ)う	大きな声(こえ)で (は) 言えない
	斬新(ざんしん) (な)	業種(ぎょうしゅ)

問題 2 話している人は、仕事や勉強についてどんな感想(かんそう)を持っていますか。

		感想
①	前の仕事	
②	大学生活(せいかつ)	
③	現在(げんざい)の仕事	

ポイントリスニング

ポイントリスニング 121

今の自分の状況(じょうきょう)について話しています。現状(げんじょう)に満足(まんぞく)していますか、それとも、不満(ふまん)な点(てん)がありますか。✔を書いてください。

	①	②	③	④	⑤	⑥	⑦	⑧
満足								
不満								

重要表現

状況について満足していることを述べる

例 (1) みんな親切にしてくれるし、人間関係**は文句なしってとこかな。**（練Ⅰ-① 友人に）
(2) 大変**っちゃ**大変**なんですけど**、ノルマがある**わけじゃないですし。**（練Ⅰ-③ 上司に）

うちはけっこう、休みが多い**ほうかな。**
給料 **(に) は、文句なしってとこかな。**
新人の二人 **(に) は、言うことないよ。**
人間関係 **(に) は**、とっても**恵まれてる (な) って思うよ。**

残業が少なくて、**うれしいです。**
職場の雰囲気がよくて、**よかった (な)** ｜ **って思ってます。**
みんな優しくて、**ありがたい (な)**
早めに言っとけば、わりと簡単に休ませ**てくれるんです。**
皆さんには、よくし**ていただいています。**

【不満な点はあるが満足している場合】
仕事がきつい**っちゃ**きつい**んだけど**、でも土日はゆっくりできるから、ま、今の仕事、**悪くない**と思うんだ。
駅から遠い**ことは**遠い**んですけど**、バスも頻繁にあるし、**それほど**不便じゃ**ない**んですよね。
残業**も**ある**には**ある**んだけど、そんなに**頻繁じゃ**ないしね。**
先輩がうるさい**って言ってもたいしたことない**ですよ。たまに、我慢できない時はあるんですけどね。

次のような場合はどう言いますか

練習 122

① 新しく始めたバイトについて

友人 ：駅ビルん中のカフェでバイト始めたんだって？ どう？
あなた：うん、悪くないよ。＿＿＿＿＿＿＿＿＿＿＿＿＿＿＿＿＿＿。

② 今就職活動をしている後輩に

後輩：先輩、仕事、どうですか。大変ですか。
先輩：そうね。＿＿＿＿＿＿＿＿＿＿＿＿＿＿＿＿＿＿。

③ 自分のやっているバイトについて

先輩：なあ、引っ越しのバイトやってるだろ？　どう？　休みとか取りやすい？

後輩：うーん、そうですね。＿＿＿＿＿＿＿＿＿＿＿＿＿＿＿＿＿＿＿＿。

④ 新しい部署について

同僚（森広）：パクさん、部署かわって１ヶ月ですよね。どうですか。

同僚（パク）：ああ、森広さん、いい感じですよ。＿＿＿＿＿＿＿＿＿＿＿＿＿＿。

不満を述べる

例　(1) 仕事できない**くせに**、偉そうにしてるし。　（練 I-① 友人に）

(2) 彼**には**、ほんと、**まいってるのよ**。　（練 I-④ 夫に）

(3) わたしのほうが山口君より仕事できる**のに**さ、女だからってずっと昇進もないし、**ほんとに腹が立つ**。　（練 I-④ 夫に）

今の仕事、きつい**んだよね**。

うちの部長**って**、**最悪なんだよね**。

あの人、仕事しない	**のに**	威張ってる**んだよね**。
	くせに	

残業**さえなければ**、最高の職場**なんだけど**。

山田さん**には**、ちょっと、	**困ってる**	**んです**。
	まいってる	

給料**には**、	**不満(は)ない**	**んですけどね**。
	満足してる	

残業**(だけ)は**、多くない**んですけどね**。

次のような場合はどう言いますか

練習　123

a) 不満な点をはっきり言う場合と、b) はっきり言わない場合の両方を考えてみましょう。

① 今住んでいるところについて

友人　：最近引っ越したんだよね？　どう？　新しいとこは？

a) ☹：それがね、＿＿＿＿＿＿＿＿＿＿＿＿＿＿＿＿＿＿＿＿＿＿＿＿＿＿。

b) ☹：うーん、＿＿＿＿＿＿＿＿＿＿＿＿＿＿＿＿＿＿＿＿＿＿＿＿＿＿＿。

② 自分たちの上司（加賀さん）について

同僚　：加賀さんって、いろいろ細かいと思いません？

a）☹：あ、僕もそう思ってました。＿＿＿＿＿＿＿＿＿＿＿＿＿＿。

b）😐：う…ん、そうですね。＿＿＿＿＿＿＿＿＿＿＿＿＿＿＿＿。

後悔していることを伝える

例　（1）俺も続けるべきだったかなあって思ってはいるんだけどさ。　（練 I-② 恋人に）

（2）こんなんだったら、就職しなかったほうがよかったかもしんない。　（練 I-⑤ 後輩に）

もっと勉強しとけばよかった	なあ。
もっと早く話をしとくべきだった	んだけど。

言わなかったほうがよかったかもしんない。

あの時、行かなかったこと、後悔してるんだ。

あの時、行かなかったのは	まずかった	よね？
	失敗だった	かなあって（思って）。

事前におききすれば／おききしておけば、よかったです。

もっと早くお話しする／お話ししておくべきでした。

事前におききすればよかった	のかなあと思います。
もっと早くお話しするべきだった	と思っています。
	と反省／後悔しています。
	んですが。

あの時は、よく考えていなかったんだと思います。

【相手が行った／行わなかったことを悔む】

あの仕事、	続けたらよかった	かもしれないね。
	続けたほうがよかった	んじゃないかな。
	続けるべきだった	んじゃない？
		と思いますよ。
		のに。

メールだけじゃなくて電話で確認し（ておか）なかったのは、	まずかったかもね。
	失敗でしたね。

次のような場合はどう言いますか

練習 124

① バイト仲間の福井さんは、あなたがバイトを辞めるということを他の人から聞いた

別のバイト仲間：福井さん、自分だけ知らなかったってショック受けてたよ。

あなた　　　　：そうだよね。＿＿＿＿＿＿＿＿＿＿＿＿。

② アルバイトをしている店で、数日前、料理に文句を言った客が、今回もまた文句を言い始めた

店長　：前の時に、どうしてすぐにわたしを呼ばなかったんですか。

あなた：申し訳ありません。＿＿＿＿＿＿＿＿＿＿＿＿。

③ 道路事情が悪くて取引先との大事な会議に遅れた

取引先：坂本さん、遅れるなら遅れると前もって連絡ぐらい入れてもらわないとこちらも困ります。

坂本　：ご迷惑をおかけしてしまって申し訳ありません。＿＿＿＿＿＿＿＿。

④ 同僚がプレゼンに失敗した

同僚　：必死でがんばったんだけど、どうしても間に合わなくて。

あなた：＿＿＿＿＿＿＿＿＿＿＿＿のに。今度そういうことがあったら言って。手伝うから。

ロールプレイ

① スキット①の前半（111）を聞いて、話の続きをペアで作ってみましょう。

② スキット③の前半（114）を聞いて、話の続きをペアで作ってみましょう。

③ こんな時、どのように言いますか。

同じ職場の人（または、先生、友人など）について、親しい友人に愚痴を言ってみましょう。

あなたがしている仕事（または、行っている美容院や歯医者、スポーツジムなど）について、それに興味を持っている人から、感想をきかれました。あなたの感想を話してください。ただし、その人とはそれほど親しくありません。

著者紹介

ボイクマン総子（ぼいくまん　ふさこ）

大阪外国語大学大学院言語社会研究科博士後期課程修了、博士（言語・文化学）
現在、東京大学 大学院総合文化研究科 教授
著書に、『聞いて覚える話し方 日本語生中継 初中級編 1』、『聞いて覚える話し方 日本語生中継 初中級編 1 教室活動のヒント & タスク』、『聞いて覚える話し方 日本語生中継 初中級編 2』、『聞いて覚える話し方 日本語生中継 初中級編 2 教室活動のヒント & タスク』、『新版 聞いて覚える話し方 日本語生中継 中上級 教室活動のヒント&タスク』（くろしお出版・共著）、『ストーリーで覚える漢字300』、『ストーリーで覚える漢字II 301-500』（くろしお出版・共著）、『わたしのにほんご』（くろしお出版・共著）、『生きた素材で学ぶ 新・中級から上級への日本語』、『東京大学教養学部のアカデミック・ジャパニーズ J-PEAK 中級』（The Japan Times・共著）がある。

宮谷　敦美（みやたに　あつみ）

大阪外国語大学大学院外国語学研究科日本語学専攻修了、修士（言語・文化学）
現在、愛知県立大学外国語学部 教授
著書に、『聞いて覚える話し方 日本語生中継 初中級編 1』、『聞いて覚える話し方 日本語生中継 初中級編 1 教室活動のヒント & タスク』、『聞いて覚える話し方 日本語生中継 初中級編 2』、『聞いて覚える話し方 日本語生中継 初中級編 2 教室活動のヒント & タスク』、『新版 聞いて覚える話し方 日本語生中継 中上級 教室活動のヒント&タスク』（くろしお出版・共著）、『生きた素材で学ぶ 中級から上級への日本語』（The Japan Times・共著）がある。

小室リー郁子（こむろ　リー　いくこ）

大阪外国語大学大学院外国語学研究科日本語学専攻修了、博士（日本語・日本文化）（大阪大学）
現在、トロント大学（カナダ）東アジア研究科 准教授（Teaching Stream）
著書に、『聞いて覚える話し方 日本語生中継 初中級編 1』、『聞いて覚える話し方 日本語生中継 初中級編 1 教室活動のヒント & タスク』、『聞いて覚える話し方 日本語生中継 初中級編 2』、『聞いて覚える話し方 日本語生中継 初中級編 2 教室活動のヒント & タスク』、『新版 聞いて覚える話し方 日本語生中継 中上級 教室活動のヒント&タスク』（くろしお出版・共著）、『中国語母語話者のための漢字語彙研究―母語知識を活かした教育をめざして』（くろしお出版）がある。

制作協力

■翻訳：
小室リー郁子，Peter Lee（英語）
金雨卉（中国語）
李涏美（韓国語）
Trần Công Danh（チャン・コン・ヤン）（ベトナム語）

■声優：
カワムラ
富樫萌々香
浜田友樹

■音声収録：狩生健志

■装丁デザイン：工藤亜矢子

■本文・装丁イラスト：村山宇希

新版　聞いて覚える話し方
日本語生中継　中～上級

2022年 10月 7日　第1刷
2023年 12月 13日　第2刷

著者　ボイクマン総子
宮谷敦美
小室リー郁子
発行人　岡野秀夫
発行所　くろしお出版
〒102-0084　東京都千代田区二番町4-3
Tel : 03・6261・2867　Fax : 03・6261・2879
URL : https://www.9640.jp　Mail : kurosio@9640.jp
印刷　亜細亜印刷

ISBN 978-4-87424-913-0 C2081

新版　聞いて覚える話し方

日本語生中継

中～上級

別冊

スクリプト
単語表
解答

新版　聞いて覚える話し方

日本語生中継　中～上級

別冊　目次

LESSON 1 「今、いないんですけど」― 伝言 ―

【聞き取り練習Ⅰ】

1

① リサ：カレン、おはよう。いる？　ごめんね、朝早くから。さっき電話したんだけど、出なかったから……。

カレン：あ、リサ、おはよ、ごめん、気が付かなかった。どうしたの？

リサ：あのさ、ちょっと昨日の夕方から熱があって、今も全然下がんなくて。で、今日の統計の授業、休もうと思って。

カレン：そっか、大丈夫？

リサ：うん、でね、先生には、さっき、メールしたんだけどさ。

カレン：うん。

リサ：授業前だから、先生、メール読んでないかもしれないし、**先生に、今日休むって言っといてもらえないかな。**

カレン：いいよ。あ、じゃあ、**メールしたってことも、わたしから言っとこうか。**

リサ：あ、そうしてもらえると、助かる。ありがとう。

カレン：わかった。

リサ：あ、それから、いくつも頼んで申し訳ないんだけど、あの先生、プリント多いから、今日なにか配布物があったら、もらっといてくれる？

カレン：了解。もらっとくよ。でも、熱、下がらないの辛いね、病院行くのも難しいよね。

リサ：うん、でも、もうちょっと休んで、今日中にはちゃんと病院に行こうって思う。市販薬じゃ治りそうにないし。

カレン：そうだね。ちゃんと病院に行ったほうがいいよね。わたし、今日は3時過ぎには戻れると思うから、何か、ほしいものとかあったら遠慮なく言ってね。

リサ：うん、ありがと。

カレン：うん、じゃ、お大事に。

2

② ヤマト印刷社員：はい、ヤマト印刷でございます。

岸田(みやこだ出版)：あの、みやこだ出版の岸田と申しますが、いつもお世話になっております。

ヤマト印刷社員：こちらこそ、お世話になっております。

岸田：あの、神崎さんは、いらっしゃいますでしょうか。

ヤマト印刷社員：神崎ですか。**神崎はあいにく、会議中で席を外しているんですが。**ご用件は？

岸田：あの、注文していた本の印刷の部数に変更がありましたので、お電話したんですが。

ヤマト印刷社員：印刷の部数の変更ですか。

岸田：はい。

ヤマト印刷社員：じゃ、**戻りましたら、神崎に電話かけさせましょうか。**

岸田：あ、お願いできますか。

ヤマト印刷社員：はい。

岸田：えっと、あの、みやこだ出版の岸田です。

ヤマト印刷社員：みやこだ出版の岸田様。

岸田：はい。

ヤマト印刷社員：あの、念のため、電話番号をいただけますでしょうか。

岸田：あ、はい、えっと、03の3000の7765です。

ヤマト印刷社員：3000の77…

岸田：7765です。

ヤマト印刷社員：はい、わかりました。じゃ、神崎に伝えときます。

岸田：よろしくお願いします。それでは、失礼いたします。

ヤマト印刷社員：失礼いたします。

3

③マシュー：はーい。あ、優平。

優平：おっす！　な、クリス、いる？

マシュー：クリス？　さっきまでいたけど、今いないよ。

優平：えっ、まじ?!　今晩ずっといるからいつでもいいって言ってたのに。

マシュー：あ、そうなんだ。いや、いっしょにゲームしてたんだけど、だれかからメールがあったみたいで、なんか急いで出てったよ。

優平：あ、そうなんだ。じゃ、メールしてみっか。

マシュー：あ、携帯持ってないよ。急いでてテーブルの上に忘れてったみたい。

優平：ああ、そうなんだ。

マシュー：何その袋？

優平：あ、これずっと借りてたマンガでさ……。これ返しに来たんだ。

4 マシュー：ああ、じゃ、**帰ってきたら言っとくよ。**

優平：いや、それがさ、1冊なくしちゃったみたいで、どこ探してもないんだよね。だからさ、直接ちゃんと謝りたいって思ってて。

マシュー：あ、そうなんだ。じゃ、俺は何にも言わないほうがいいのかな。それとも、**俺から何か言っとくことある？**

優平：いや、メールしとくから何も言わなくていいよ。あ、**メールチェックしてってそれだけ言っといてもらえる？**

マシュー：オッケー、了解！

優平：サンキュ。じゃ、またな。

マシュー：ああ、また。

スクリプト

5

④教員：もしもし、山根小学校です。
母親：もしもし、二年二組の木村太一の母ですけど。
教員：あ、どうも。
母親：いつも息子がお世話になっております。
教員：ああ、いや、こちらこそ、お世話になっております。
母親：あのう、担任の中村先生、お願いできますでしょうか。
教員：はい、……あ、今日はまだいらしてないみたいですね。
母親：あ、そうですか。実は、息子が昨夜から熱を出してまして、**それで、学校を休ませようと思うんですが…**
教員：はい。
母親：**中村先生にそうお伝え願えますでしょうか。**
教員：はい、わかりました。二年二組の木村太一さんですね。
母親：はい。
教員：え、今日、熱で休むと。
母親：はい、よろしくお願いいたします。
教員：はい、わかりました。じゃ、お大事に。
母親：ありがとうございます。
教員：はい、失礼いたします。

6

⑤白川：あの、すみませーん。
赤井：あ、はい。
白川：あの、河合さん、いらっしゃいますか。
赤井：あ、はい。あ、かわい…　あれ、さっきまでいらしたんですけど……　ああ、**今、外回りみたいですね…。夕方には戻るようですが…。**
白川：夕方…？　あー、まいったなあ…。
赤井：お急ぎですか。
白川：ええ、河合さんが出された領収書のことなんですけどね、午前中に処理しなきゃいけないんですが、はんこが抜けてるのがあったんですよ。

7

赤井：ああ、そうなんですね。じゃ、電話して、河合さんから連絡してもらうことにしましょうか。すぐに連絡つくかどうかは、わかりませんが。
白川：ああ、そうしてもらえると助かります。あ、僕、総務の白川です。
赤井：あ、はい、白川さんですね。わかりました。
白川：あ、ただ、僕、今から会議なんで、**電話じゃなくてメールをもらいたいってお伝え願えますか。**
赤井：はい、了解しました。
白川：じゃ、よろしくお願いします。助かります。
赤井：いえ、では、失礼いたします。

【聞き取り練習Ⅱ】

8

①メッセージ：留守番電話に接続します。発信音の後にメッセージを録音してください。

るみ：もしもし。るみですけど。恭平、今どこ？　駅の改札を出たところでずっと待ってるんだけど。待ち合わせ３時だったよね。もうすぐ４時だよ。さっきから何本もメッセージ送ってるんだけど、見てないの？　あと30分待つけど、それで来なかったら、もう帰っちゃうからね。これ聞いたら、すぐ連絡ちょうだい。

9

②メッセージ：留守番電話に接続します。発信音の後にメッセージを録音してください。

伊東：あ、岡部課長、おはようございます、伊東です。すみません、あの、メールもしたんですけど、念のため留守電にもメッセージを、と思いまして。実は、いま山手線なんですけど、なんか事故があったみたいで電車が止まってしまって。で、動き出すのにあとどのくらいかかるかよくわからないんです。それで、９時からの会議にはちょっと間に合いそうもなくて。あのう、会議のための資料は、わたしのデスクの上に用意してありますので、よろしくお願いいたします。本当に申し訳ありません。

10

③メッセージ：留守番電話に接続します。発信音の後にメッセージを録音してください。

妻：もしもし、お父さん、ああ、いないのかな。あ、今、空港です。無事チェックインも終わって、あと一時間ぐらいでバリに出発します。おみやげ買ってくるからね。留守中、子どもたちをよろしくお願いします。何かあったらメールか電話ください。じゃあね、いってきまーす。

11

④メッセージ：留守番電話に接続します。発信音の後にメッセージを録音してください。

ゆう子：もしもし、ゆう子です。ねえねえ、聞こえる？この音。今、花火見てるんだけど、すっごいきれいだよ。いっしょに見たかったなあって思って、電話したの。動画送るから見てね。来年は絶対いっしょに来ようね。また後で電話してみるね。バイバーイ。

12

⑤メッセージ：留守番電話に接続します。発信音の後にメッセージを録音してください。

ひろき：もしもーし、ばあちゃん。家にいないの？　俺やったよ。大学、合格したよ。もう、試験ぜんぜんできなかったから、半分あきらめてたんだけど、なんとか受かったよー！　応援してくれてありがとう。じゃあ、また近いうちに会いに行くね。元気でね、ばあちゃん。

【 ポイントリスニング 】

13

① あの、こちらからもう一度電話いたします。

② あのう、妻(つま)が帰ってきたら、そちらに電話をかけさせますんで。

③ 申(もう)し訳(わけ)ありませんが、お帰りになりましたら、こちらまでお電話いただけますでしょうか。

④ あのう、今、外出(がいしゅつ)中なんですけど、こちらから電話させましょうか。

⑤ 今日は留守(るす)にしておりますので、明日にでもそちらからもう一度お電話いただけますか。

⑥ あ、また後でかけ直(なお)すね。

⑦ 折(お)り返(かえ)しお電話いただけるとありがたいんですが。

⑧ 戻(もど)りましたら、折り返しお電話するように伝(つた)えます。

【 重要表現 】

■ 不在(ふざい)であることを伝(つた)える

14

①A：ね、武志(たけし)、部屋(へや)にいる？　電話したんだけど、出ないんだ。でも、もしかしたら、部屋にいるかもって思って。

B：あ、武志、今、ジョギングに行ってるよ。

A：そうなんだ。帰ってきたら、僕(ぼく)が来たって、伝(つた)えてくれる？

B：うん、わかった。

②A：すみません、山崎(やまざき)さん、いらっしゃいます？

B：あ、山崎さんは、今、会議(かいぎ)中なんですよ。

A：そうなんですか。じゃ、メールにします。

B：はい、お願(ねが)いします。

③A：すみません、高柳(たかやなぎ)さん、いますか？

B：あ、高柳さんは、朝は休みで、午後から来るって言ってましたけど。

A：そうなんですか。じゃ、急(いそ)ぎじゃないので、午後また電話します。

B：わかりました。

④A：あ、美保(みほ)。

B：あ、どうしたの？

A：岬(みさき)と話したかったんだけど、全然(ぜんぜん)、電話出てくれなくて。メッセージは残(のこ)したんだけど。今、いないよね？

B：うん、いないよ。今日は一日中、どこか行くって言ってたよ。

A：そうなんだ。

■ 伝言を申し出る

15

①A：そうなんだ。帰ってきたら、僕が来たって、伝えてくれる？
B：わかった。それだけでいい？　他に何か言っとくことある？
A：ううん、来たってことだけでいいよ。
B：わかった。

②A：あ、山崎さんは、今、会議中なんですよ。
B：そうなんですか。じゃ、メールにします。
A：はい、あのう、お電話があったこと、お伝えしておきましょうか。
B：あ、ありがとうございます。助かります。

③A：あ、高柳さんは、今日、午前は休むって言ってましたので。
B：そうなんですか。じゃ、急ぎじゃないので、午後また電話します。
A：あ、何か伝えておきましょうか。
B：じゃ、あの、京都のプロジェクトのことで相談したいことがあるって伝えてくださいますか。

④A：すみません、武田は、今日はお休みを取っておりまして。
B：そうなんですか。じゃ、明日、またお電話します。
A：あ、それとも、武田から電話かけさせましょうか。
B：あ、助かります。明日で結構ですので、よろしくお願い致します。
A：はい、わかりました。

■ 伝言を頼む

16

①A：武志、今、いないんだけど。ジョギングに行ってると思う。
B：そうなんだ。じゃ、帰ってきたら、今日の打ち合わせ、10分ぐらい遅れるって言っといてもらえる？　メッセージも送っとくけど。
A：わかった。
B：ありがと。

②A：あ、山崎さんは、今、会議中なんですよ。
B：そうなんですか。じゃ、戻られたら、3時の会議の場所が301に変わったってお伝えいただけますか。
A：わかりました。

③A：あ、高柳さんは、今日、午後から会社に来るって言ってましたので。
B：そうなんですか。じゃ、会社にいらっしゃったら、明日の会議の資料なんですけど、できるだけ早く送っていただきたいって言っておいていただけますか。部長がうるさいんですよ。
A：わかりました。

④A：すみません、武田は、今日はお休みを取っておりまして。
B：そうなんですか。じゃ、申し訳ありませんが、明日の会議なんですが、なくなったってことをお伝え願えますか。
A：はい、わかりました。

LESSON 2 「一緒に行ってみない？」— 勧誘 —

【聞き取り練習Ⅰ】

17

① 遥：もしもし。
恵美：あ、もしもし、恵美だけど。
遥：あ、恵美。
恵美：あのさ、わたし、フラワーアレンジメント習ってるって、前、話したよね。
遥：うん、おもしろいって言ってたよね。
恵美：うん。結構楽しいし、気持ちが落ち着くし、気に入ってるんだけど。
遥：なんか、あったの？
恵美：いや、たいしたことじゃないかもしんないんだけど、一緒に習ってる人たちがね。
遥：うん。
恵美：なんか、話合わないんだ。同年代の子も多いんだけど。
遥：そうか。
恵美：それでね、**遥も一緒に習ってみない？　いやならいいんだけど。**
遥：**ううん。陶芸とかだったら、ちょっと考えてみてもいいんだけど。**
恵美：そうかあ。あんまり興味ないだろうなとは思ってたんだけど。
遥：ごめんね。あのさ、恵美、習いはじめてまだ２ヶ月ぐらいでしょ？
恵美：うん。
遥：そのうち話も合うようになるかもしんないし、別の人が習いに来たりするんじゃない？
恵美：うん、そうかな。
遥：それに、無理して話を合わさなくてもさあ。
恵美：うん、そうだね。別に友達を作りに習いに行ってるわけじゃないんだし。
遥：そうだよ。
恵美：うん。あ、そうそう。この前、話してたチケットのことだけどさあ…。

18

②福島：あ、森下君。ちょっといい？
森下：あ、はい。福島さん、何ですか。
福島：あのさ、再来週の日曜日ってなんか予定、入ってる？

森下：再来週の日曜日ですか。ま、確か、特にたいした予定は、たぶん。でもまだはっきりとは…。

福島：ああ、そう。

19 もし、時間が空いてればだけど、うちの奥さんがフラメンコしてるって、知ってるよね。

森下：はあ。

福島：その発表会っていうのがさあ、再来週の日曜日で、

森下：日曜日。

福島：**もし興味があれば、奥さんでも誘って、見に来てくれないかなって。**

森下：フラメンコですか。

福島：うん。先生はスペインのプロのダンサーだから、結構本格的でさあ、

森下：ええ。

福島：少なくとも先生の踊りを見るのは価値があると思うんだけど。

森下：ああ、なるほど。

福島：で、お昼の２時、市民ホールでなんだけど。スペインワインのサービスもあるらしいんだ。

森下：あ、そうですか。ワインね。

福島：チケットは１枚 2000 円なんだけど、

森下：2000 円。

福島：ああ、会社の人の分は僕が半分持つから 1000 円にしとくよ。

森下：はあ。**じゃ、妻に予定をきいてみますんで、少し、待ってもらえませんか。**

福島：いいよ、いいよ。返事はいつでもいいから。

森下：すみません。

福島：よろしくね。

森下：あ、はい。どうも。

20

③竹下：あ、結衣ちゃん、おはよ。

結衣：あ、おはようございます。

竹下：あ、そうだ。結衣ちゃん、いつ暇？

結衣：え？　どうしてですか。

竹下：友達においしい京料理の店、教えてもらったんだけど。

結衣：ええ。

竹下：なんか、京料理って、男同士で行くの変だろ。で、**結衣ちゃんと一緒に行きたいなって思って。**

21 結衣：京料理ですか。あれ？　でも、竹下さん、彼女いませんでした？

竹下：あ、あれ。もう昔の話。

結衣：そうなんだ。あ、知らなかった。

竹下：それでさ、どうかな？

結衣：ううん。**最近、忘年会シーズンですから、けっこういろんな約束が入っちゃってるんで。**

竹下：ああ、そっかあ。いや、俺は、別にいつでもいいからさ。結衣ちゃんの都合に合わせるし。

結衣：そうですか。でも…。

竹下：ああ、じゃ、都合のいいとき教えてくれる？　待ってるから。

結衣：あ、はい。じゃ、また、連絡しますね。

22

④義彦：あ、もしもし。

紀子：あ、義君。

義彦：うん。あの、今さあ、「ホットドック」で、中村たちと飲んでんだけど。

紀子：あ、そう。

義彦：うん。

紀子：じゃ、あんまり帰り、遅くならないでね。

義彦：いやいや違うんだ。みんながさあ、近くなんだから奥さんも呼べばって、言ってるんだよ。

紀子：え？　今から？

義彦：今から。**出て来れない？**

紀子：ええっ、今から？

義彦：いや、たけし、もう寝てるんだろ？

紀子：そうだけど。もう 10 時よ。

義彦：今日は、お義母さんも家にいるんだから、大丈夫だろ？

紀子：でも、もう化粧も落としちゃったし、お風呂にも入っちゃったから、髪の毛も濡れてるし。面倒くさいから、適当に断っといてよ。

義彦：無理？　来ればいいじゃん。

紀子：子どもが熱出したとか、残念だけどとか、言っといてよ。

義彦：ううん。

紀子：**悪いけど、こんな時間に外出るのはいやよ。**わかってればそのつもりでいたんだけど。

義彦：はいはいはい。わかったよ。じゃ、あの、遅くなるかもしんないからね。

紀子：じゃ、飲みすぎないでね。

義彦：うん、わかった。じゃあね。

紀子：うん。

23

⑤ミラー：おはようございます。

中川：あ、おはようございます。ももちゃん、おはよう。

ミラー：くるみちゃん、今日も元気ですね。

中川：ええ、元気なのはいいんですけど、最近、太り気味で。犬も人間も。

ミラー：うちも、そうなんですよ。あ、そういえば、中川さん、中川さんって、ご主人、インドの方ですよね。

中川：ええ、そうですが。

ミラー：わたし、「国際結婚を考える会」っていうのに入ってまして。

中川：はあ。

ミラー：その会って、日頃思っていることやお子さんの教育の悩みなんかを、気軽に話し合ったり、問題があるときは助け合ったりするための会なんですよ。

中川：ええ。

ミラー：集まりは、月一回第３日曜日、午後３時からなんですけど。

中川：はあ。

ミラー：あの、**もしご興味を持っていただけるようでしたら、ぜひ参加していただいて、ご一緒にお話でもできたら、って思うんですが。**

中川：あのう、**わたしたち、まだ二人ですので、子どもの教育は問題ありませんし。**

ミラー：まだお子さんがいらっしゃらない方も大勢いらっしゃいますよ。

中川：ああ、そうですか。**じゃ、主人と相談してみますので。**

ミラー：ええ、ぜひ。でも、これ、全然、強制じゃないですので。よろしかったら声をかけてください。よろしくお願いします。

中川：はい、わかりました。

ミラー：じゃ、また。

中川：はーい。

【聞き取り練習Ⅱ】

24

ナレーション：はい、ビジネスマナーの時間です。今日は、職場の上司から誘われたらどうするか、会社員の方々にインタビューしました。誘われてうれしい上司、うれしくない上司、でも上司だから断れない、いろんな経験があると思います。社会部、林がインタビューしました。

① 林：すみません。ちょっといいですか。

女性：あ、はい。

林：上司に誘われることってよくありますか。

女性：ええ、たまにありますよ。先週も一緒に晩ご飯、食べに行きました。

林：あ、そうですか。上司の誘いって断りにくいですよね。

女性：ええ。でも、それが、あこがれの先輩からのお誘いだったので、内心やったぞって。また、誘ってくれないかなあって、実は思ってるんです。

林：あ、そうなんですか。

25

② 林：すみません。ちょっとお時間よろしいですか。
(はやし)

男性：あ、はい。
(だんせい)

林：上司に誘われることってよくありますか。

男性：ああ、しょっちゅうですね。だいたいが仕事の後の一杯なんですが。

林：そんなに頻繁なんですか。

男性：ええ、ひどいときには二日か三日に一回。ぼく、お酒あんまり強いほうじゃないんで。それに、妻からも帰りが遅いって文句言われるし。

林：ときには断ったりなさってるんですか。

男性：いや、それがね、上司なので、つきあいの悪いやつだなって言われると、断りづらくって。それで、誘われるといつもしぶしぶついて行くっていうパターンになってしまうんですよねえ。

林：ああ、そうですか。

男性：ええ。

26

③ 林：すみません。ちょっとお時間よろしいですか。
(はやし)

女性：あ、はい。
(じょせい)

林：上司に誘われることってよくありますか。

女性：うーん、ありますけどね、誘われても子どもを迎えに行かなくちゃいけないからって言うと、けっこうわかってもらえて。

林：あ、小さいお子さんがいらっしゃるんですか。

女性：ええ、でも、あんまり断っていると、会社のみんなで飲みに行くときに全然誘われなくなるのもさびしいし。

林：そうですね。じゃ、ときどき飲みに行く。

女性：ええ、気が向いたときだけ。でも、この間、けっこうしつこく食事に誘ってくる上司がいて、最初は上司だし、丁重に断ってたんですけど、全然あきらめてくれなくって。で、しょうがないから、最後は「今日は失礼します」って、はっきり言っちゃったんですよ。ま、すっきりしたんだけど、反面、仕事に悪い影響が出ないかって心配なんです。
(さいしょ)　　　(ていちょう)
(はんめん)　　　　(えいきょう)

林：ああ、そうですか。

【ポイントリスニング】

27

① 来週の木曜日ですか。午後ならかまいませんが。じゃ、3時ですね。

② えっ、今から？　前もって言ってもらってれば、行けたんだけど。

③ うわあ、おもしろそう。やってみたいなあ。でも、土曜日なんだよね。土曜日か。ちょっときびしいなあ。

④ ううん、やってみたいのはやまやまなんだけど。もうちょっと、考えさせてくれる？

⑤ 今は予定が立たないので、後で連絡させてもらってもかまわないでしょうか。

⑥ その日以外ならオッケーなんだけど。

⑦ ええ、喜んで。じゃ、連絡お待ちしてます。

⑧ 悪いけど、他の人、誘ってもらえないかなあ。

【 重要表現 】

■ 誘う

🔊28

①A：ね、KATSが、４月に日本に来るって、知ってた？
　　コンサート、一緒に行かない？
　B：えー！　知らなかった。日本に来るんだ。行く、行く！

②A：最近、あんまりゆっくり話する時間ないよね。
　　時間あったら、近いうちに、晩ご飯一緒に食べに行かないかなって思って。
　B：うん、そうだね。今週は、ちょっと厳しいけど、来週ならオッケーだよ。

③A：２月で退職される吉田さんの送別会なんですけど、
　　１月末にでもって思っているんですけど。もしも、お時間がありましたら、参加していただけませんか。
　B：ええ、ぜひ。日程が決まったら知らせてください。

④A：料理、習ってみたいっておっしゃってましたよね。
　　コミュニティセンターで料理教室をしてるみたいなんですけど、一緒にどうですか。
　B：いいですね。何曜日にやってるんですか。

■ 誘いを受ける

🔊29

①　友人：駅の東口出たところに、先週、新しいラーメン屋できたの、知ってる？　昼に行ってみない？
　あなた：おお、行く、行く。最近、ラーメン食べてないし。

②　友人：ねー、ねー、ユリ、ボルダリングってやったことある？　わたし、やったことないんだけど、やってみたいなって思ってて。一緒にどう？
　あなた：うん！　わたしもやってみたいって思ってたんだけど、一緒に行ってくれる人いなかったんだ。行きたい。行こう！

③ **a) 快く受ける場合**
　友人：なー、今晩、いつものゲーム、大輝たちとやろうかって言ってて、メンバー、集めてるんだけど、やる？
　あなた：うん、いいよ。何時からやんの？

b）しぶしぶ受ける場合

友人：なー、今晩、いつものゲーム、大輝たちとやろうかって言ってて、メンバー、集めてるんだけど、やる？

あなた：あー、今晩かー。できないわけじゃないんだけど。うーん、ま、他に人がいないんだったらいいよ。

④ a）快く受ける場合

上司：中尾さん、さっき、安田さんと話してたんですけど、週末、ゴルフ行きませんか。

あなた：あ、いいですよ。最近、やってなかったから、ちょうどやりたいなって思ってたんです。

b）しぶしぶ受ける場合

上司：中尾さん、さっき、安田さんと話してたんですけど、週末、ゴルフ行きませんか。

あなた：週末ですかー。んー、たぶん、土曜日なら大丈夫だと思うんですけど。

■ 誘いを断る

30

① 友人：駅の東口出たところに、先週、新しいラーメン屋できたの、知ってる？　昼に行ってみない？

あなた：ああ、ラーメンか。ラーメンあんまり好きじゃなくて。悪いけど、他の人誘ってくれる？

友人：わかった、そうするわ。

② 友人：ねー、ねー、ユリ、ボルダリングってやったことある？　わたし、やったことないんだけど、やってみたいなって思ってて。一緒にどう？

あなた：ボルダリングねえ。なんか体力に自信ないから、パス。

友人：そっかー、ダメもとで誘ってみたんだけど。じゃ、誰か他の人にきいてみるね。

③ 友人：なー、今晩、いつものゲーム、大輝たちとやろうかって言ってて、メンバー、集めてるんだけど、やる？

あなた：今晩はちょっと無理かな。締め切り前のレポートがあって、それやんなきゃやばいんだよね。

友人：わかったー。じゃ、他のやつにあたってみるよ。

④ 上司：中尾さん、さっき、安田さんと話してたんですけど、週末、ゴルフ行きませんか。

あなた：週末ですか。この週末は、家族とちょっと約束してまして。

上司：あ、そうなんですね。ま、今週の週末のことなんで、急だから無理かなとは思ったんですが。じゃ、また今度。

■ 返事を保留する

31

① 友人：この週末って忙しい？　よかったら、一緒に、映画とかに行かないかなって思って。
あなた：あー、ごめん。週末の予定、まだはっきりしてないんだ。地元から、いとこが来るかもしれなくて。
友人：そっか、大丈夫、大丈夫。予定、わかったら教えて。

② 友人：あのさ、次の日曜の午後、友達がライブするんだけど、一緒に聞きに行かない？
あなた：あ、日曜かー。ちょっと別の予定が入るかもしんなくて。明日まで返事待ってもらえるかなあ。
友人：うん、わかった。じゃ、明日。

③ 同僚：土曜日にうちでバーベキューをするんですが、ご家族と一緒にいらっしゃいませんか。
あなた：わあ、ありがとうございます。行けると思うんですが、ちょっと、妻と子どもたちに予定、きいてみますね。返事、明日でもいいですか。
同僚：えーえー、明日でなくてもいいですよ。前日ぐらいまでに教えていただけたら問題ないですよ。

④ 同僚：真紀さん、絵、好きだって言ってましたよね。週末ならいつでもいいんで、フェルメール展、一緒に行きませんか。月末までやってるみたいなんですけど。
あなた：ああ、いいですねー。わたしも行きたいなって思ってたんですよ。でも、週末、ちょっといくつか予定入っているんで、調整してから連絡しますね。
同僚：あ、じゃ、いつが空いているかわかったら教えてください。でも、無理しないでくださいね。

LESSON 3 「これ、使わせてもらってもいいかなって」― 許可 ―

【聞き取り練習Ⅰ】

32

①弟：あ、兄貴。
兄：なんだ。
弟：明日車使う？
兄：別に。
弟：じゃ、車借りるよ。
兄：何でだよ。お前、自分の持ってんだろ。
弟：デートなんだって。
兄：お前のデートに、なんで俺が車貸さなきゃなんねえんだよ。
弟：こないだ車、ちょっと壁にこすっちゃって。で、傷、ついちゃってさ。

兄：あほ。

弟：ドアんとこもちょっとへこんでるし、かっこ悪くって。

兄：で？

弟：で、**兄貴の車、使わせてもらってもいいかなあって。**

兄：**やだよ。お前の運転、あらいから。よく事故るし。**

弟：明日だけだからさ、頼むよ。ちゃんと洗って返すから。

兄：しかたねえなあ。じゃ、ガソリンも満タンにして、返せよ。

弟：ああ。わかってるって。

33

②小西（部下）：課長、ちょっとご相談があるんですが、今いいですか。

岡田（課長）：あ。今、一本急ぎのメール打ってるんで、５分待って。

小西：はい。

－－－－－－－－

岡田：小西さん、相談って、何ですか。

小西：あ、あの、来週土曜日の消費者座談会の件なんですが。

岡田：あ、あの、お弁当のおかずについてのやつね。 出席者の人数は確保できてます？

小西：はい、８人、確保できました。思ったより反応がよくて、びっくりしました。

岡田：そう、それはよかった。

小西：それで、昨日、鈴木さんと話してたんですけど。

岡田：うん。

小西：座談会の様子はビデオに録ることになってるんですけど、**それを消費者の声って感じでネットに上げたいんですが、いいですか。**

岡田：**うーん、動画をネットに、ですか。**あのう、ビデオ撮影について、募集のとき、どういうふうに説明してあります？

小西：えと、「座談会の記録のためにビデオ撮影させていただきますので、ご了承ください」と書いてます。

岡田：うーん。「記録のために」としか書いていないんですよねえ。それじゃなくても、ビデオ撮影となると緊張する人もいるし…。「インターネットにアップします」なんて言うと、本音を自由に話せなくなるんじゃないかな？

小西：そうでしょうか。最近の方は、ずいぶんビデオ慣れしてると思うんですけど。

岡田：そう…。でもね、肖像権の問題もあるし。

小西：あ、確かにそうですね。

岡田：事前に通知してないんだったら、やっぱりまずいんじゃないですか。

小西：あ、はい…。

岡田：アイデアはいいけど、今回はなしで。次の募集から、やるかどうか検討しましょう。

小西：はい。わかりました。

34

③　川崎：藤原さん、藤原さん。

藤原（受付）：はい、どうしました？

川崎：えと、今、応接室Aって、空いてるよね？

藤原：応接室Aですか。んー、はい、空いてますけど。

川崎：あ、よかった。実はね、あと10分で新規プロジェクトの打ち合わせが始まるんだけど。

藤原：はい。

川崎：会議室のプロジェクタの調子が悪くってさ。なんかちゃんと映らないんだわ。

藤原：あ、そうですか。じゃ、修理呼びますね。

35　川崎：うん。でも、来週、大阪支社でやるプレゼンの内容をみんなで相談するから、今すぐプロジェクタ使えないと、ちょっと困るんだよね。

藤原：そうなんですか。

川崎：でさあ、応接室Aって、モニターがあったよねえ。

藤原：あ、はい。

川崎：ちょっと狭いんだけど、あそこだったら、パソコンの画面映して、みんなで内容をチェックできるから。

藤原：ええ。

川崎：**2時間ほど、使わせてもらってもかまわない？**

藤原：**2時間ですか。えー、難しいですね。**3時から営業の池上さんの予約が入ってるんで、**3時までならいいんですけど。**

川崎：えっ、3時までならいいの？　じゃ、3時まででいいから。

藤原：了解です。**じゃ、3時までということでお願いします。**

川崎：はーい、わかりました。

36

④隼人：ねえ、お母さん、ちょっと話があるんだけど。

母親：何、隼人。急に改まって。また、何か買ってじゃないの？

隼人：違うよ。ま、半分当たってるかもしんないけど。あのさ、俺、ギターほしいんだ。で、**アルバイトしたいんだけど、いいかなって。**

母親：アルバイト？

隼人：うん。

母親：**だめだめ。来年、受験でしょ。**何ばかなこと、言ってんの。

隼人：じゃ、ギター買ってくれるの？

母親：だめに決まってるでしょ。お父さんもだめって言うはずよ。ギターより、勉強に身を入れなさい。

隼人：じゃ、もういいよ。お父さんにきいてみようっと。

－－－－－－－－

隼人：ねえ、お父さん、ちょっと。

父親：ん？

隼人：俺さあ、ギターほしいんだけど。でさあ、アルバイトしようかなって思ってんだけど、させてくれるよね？

父親：おお、アルバイトかあ。

隼人：うん。

父親：ギターねえ、じゃ、後でお母さんともいっしょに話してみるか。

隼人：もうきいたけど、だめだって。

父親：そうか。

隼人：ねえ、ちゃんと勉強するって約束(やくそく)すっからさあ。**バイト、週(しゅう)一日だけでもいいから、してもいいよね？**

父親：ううん。まあ、**勉強もちゃんとするんなら、お父さんはしてもいいような気もするけど。**

隼人：だよね。いいよね。

父親：でも、こういうことは、やっぱりみんなで話さないとな。じゃ、あれだ、晩(ばん)ご飯(はん)の時に、もう一回(いっかい)、みんなで話そうか。

隼人：うん。わかったよ。

37

⑤ 学生：あのう、すみません。

図書館員：あ、はい。

学生：この本、今日が返却日(へんきゃくび)になってるんですけど、**続(つづ)けて借りるっていうのは、可能(かのう)ですか。**

38 図書館員：続けてですか。

学生：ええ、今、修士論文(しゅうしろんぶん)を書いているとこで、どうしてもこの本が必要(ひつよう)なんです。

図書館員：院生(いんせい)さんですか。

学生：はい。

図書館員：原則(げんそく)としては、返却しないといけないことになってるんですけど、**一旦(いったん)、返却の手続(てつづ)きをしてから、引(ひ)き続(つづ)き借りてもいいですよ。**

学生：ありがとうございます。あのう、それから、こっちの辞書(じしょ)なんですけど、これは借りられますか。

図書館員：ああ、辞書ですか。それは、閲覧(えつらん)のみですね。**辞書や、百科事典(ひゃっかじてん)、雑誌類(ざっしるい)は貸(か)し出(だ)しできないことになってるんで。**

学生：そうですか、わかりました。じゃ、これ、お願(ねが)いします。

図書館員：はい。

【聞き取り練習Ⅱ】

39

①男性１：最近の若い社員って、ほんと信じられないんだよな。こないだなんかさあ、新入社員の片岡だっけ、あの髪の長い奴、「有休取らせてください」だって。しかも、三日も。四月に入社して、まだ一ヶ月も経ってないだろ。ま、確かに、有休取っちゃいけないっていう規則はないんだけどさ。常識はずれだよ。まったく。仕方ないから、しぶしぶオーケー出したんだけどさ。最近の若いのは、何考えてんだか。

40

②女性：そんなに、怒っても仕方ないんじゃない？　時代も変わったのよ。わたしの課の女の子なんだけどね、小さい子どもがいるから、気持ちはよくわかるんだけどさあ、「研修旅行、行かなくてもいいですか」だって。で、結局、来なかったんだけどね。わたしが若かったときなんか、絶対言えなかったけど。もう、そんなに目くじらたてても仕方ないっていうか、そういう時代なのよ、きっと。

41

③男性２：でも、若い子がみんなひどいってふうには言えないと思うよ。俺の課にさあ、定時になったら帰りたいっていう奴がいて、理由をきいたら、ITかなんかの資格をとりたいから学校に行って勉強してるんだって。「よし行って来い」って行かせたんだけど。５時に会社を出る代わりに、朝７時に出勤してがんばってるよ。若い子って言ってもいろいろいるよ。

【ポイントリスニング】

42

① 上の者にきいてみないことには、なんともお返事しかねるんですが。

② じゃ、今回だけですよ。

③ ずっとってわけじゃなかったら、かまわないですけど。

④ 急に休むって言われてもね、困るんですよ。

⑤ 明日までに返してくれるんなら、貸してあげてもいいけど。

⑥ 木村さんにきいてみないとなんとも言えないけど、まず無理なんじゃないかなあ。

⑦ 君の言いたいことはよくわかるんだけどね。しかし、わたしの立場じゃねえ。

⑧ ちゃんと勉強するって約束できるんなら、バイトしてもいいと思うけど。

【重要表現】

■ 許可を求める

43

①A：亜希、ここ空いてる？

B：あ、うん。

A：今日一人なんだけど、もしよかったら一緒にいい？

B：うん、もちろん。一緒に食べよ。

A：ありがとう。

②A：あの、こないだから借りてる参考書(さんこうしょ)なんだけど。

B：うん。どうしたの？

A：実(じつ)は、まだ全部(ぜんぶ)読めてなくて。悪いんだけど、明日まで借りててもいいかな？

B：うん……。じゃ、明日には絶対返(ぜったいかえ)してね。週末(しゅうまつ)テストの準備(じゅんび)したいから。

A：ほんとごめん。明日絶対持ってくるね。

③A：あのう、木下係長(きのしたかかりちょう)。

B：あ、村田(むらた)さん、何ですか。

A：申(もう)し訳(わけ)ありませんが、明日病院に行かなきゃならないんで、２時に早退(そうたい)させていただきたいんですが。

B：２時ですか。わかりました。

A：すみません。

④A：加藤(かとう)先生。

B：あ、斉藤(さいとう)さん。どうしましたか。

A：あのう、今日ちょっと具合(ぐあい)が悪いので、小(しょう)テストのあと早退(そうたい)してもいいですか。

B：あ、そうですか。大丈夫(だいじょうぶ)ですか。

A：はい。

B：わかりました。では、今日の授業(じゅぎょう)の内容(ないよう)は、自分で見といてくださいね。

■ 許可(きょか)を与(あた)える／条件(じょうけん)を述(の)べる

A. 許可(きょか)する

🔊44

①A：この週末(しゅうまつ)、ちょっと車貸してもらいたいんだけど、無理(むり)かな。

B：ああ、いいよ。

A：サンキュー。助(たす)かる。

②A：ね、さつき、明日の夜(よる)、友達呼(ともだちよ)んでご飯食べてもかまわない？

B：あ、わたし明日の夜いないから、どうぞ。

A：ありがと。

③A：すみません、お隣(となり)、いいですか。

B：ええ、どうぞ。

A：あ、どうも。

④A：すみません、次(つぎ)、ご発表(はっぴょう)ですよね？　録音(ろくおん)させてもらってもよろしいですか。

B (発表者(はっぴょうしゃ))：ええ、かまいませんが。

A：ありがとうございます。

B. 条件付きで許可する

45

①A：この週末、ちょっと車貸してもらいたいんだけど、無理かな。
B：ああ、週末…？　土曜日だったら、いいよ。
A：サンキュー。助かる。

②A：ね、さつき、明日の夜、友達呼んでご飯食べてもかまわない？
B：明日？　わたしあさって試験だから勉強したいんだよね。あんまり遅くまでじゃないんならいいよ。
A：うん、わかった。ありがと。

③　A：田口先生、今日締め切りのレポート、来週の月曜日に提出してもいいですか。
B (先生)：そうですね…、月曜日の朝までなら待てますけど。
A：ありがとうございます。

④A：すみません、自習室の予約4時までだったんですけど、延長は可能でしょうか。
B：延長ですか…。ええと、5時からほかの人の予約が入っていますから、それまででよければ、いいですよ。
A：ありがとうございます。

■ 許可をしない

46

①A：この週末、ちょっと車貸してもらいたいんだけど、無理かな。
B：あ、ごめん。週末使う予定にしてて。
A：そっか、わかった。

②A：ね、さつき、明日の夜、友達呼んでご飯食べてもかまわない？
B：明日？　ごめん、あさってテストだから静かに勉強したいんだ。
A：あ、そうなんだ。じゃ、別の日にするね。

③　A：すみません、一番前の席、いいですか。
B (係りの人)：すみませんが、あちらはスタッフ用ですので、参加者の方はこちらにお願いします。
A：はい、わかりました。

④　A：すみません、次、ご発表ですよね？　録音させてもらってもよろしいですか。
B (発表者)：えっ、録音ですか…　すみませんが、録音はちょっと…。
A：そうですか、すみません。

LESSON 4 「渋滞してるらしいですよ」― 確かな情報・不確かな情報 ―

【聞き取り練習Ⅰ】

47

①乗客１：あのう、何かあったんですか。ちょっと、停車時間が長いようですが。さっきの放送、聞き取れなくて。

乗客２：ええ、**なんか、トンネル内で事故が起きたとかって、言ってましたけど。**

乗客１：トンネルの事故？

乗客２：ええ。**確かに、そう言ってましたよ。**

乗客１：いやあ、困ったなあ。どこでですか。

乗客２：**名古屋の手前のどこからしいですよ。**

乗客１：名古屋の手前ですか。どのぐらい停車するって言ってました？

48 乗客２：ううん、はっきりとした時間は言ってなかったと思うんですけど。**落下物があるとか何とかで、ダイヤが乱れてるって、言ってましたからね。きっと、まだ時間、かかるんじゃないですか。**

乗客１：ああ、そうですか。困ったなあ。電車を乗り継いで行くのも時間、かかりますしね。

乗客２：そうでしょうね。まあ、わたしもどうしようか迷ってるんですけど。やっぱりこのまま乗ってたほうがいいかなと思ってまして。

乗客１：そうですね。

49

② 乗客：すごい混んでるね。さっきからぜんぜん動いてないし。

運転手：そうですね。

乗客：何かあったのかな。

運転手：今朝、この先の踏切のあたりで、車同士の衝突事故があったんですけど。

乗客：衝突事故？

運転手：ええ、でも、朝７時ぐらいだったから、今 10 時でしょ。**もう３時間もたってるから、その事故のせいだけだとは思えないんですけどねえ。**

乗客：あっ、そう。ううん、ちょっとこのままだと間に合いそうにないし、一番近くの駅まで行ってもらえません？

運転手：一番近くの駅ですね。はい、わかりました。

乗客：お願いします。

50

③祐実：あ、咲、見て。あれ！　あそこのボード。

咲：ん、何？

祐実：ほら、「delay（ディレイ）」って書いてある。**遅れるみたいよ。**

咲：ええっ、出発遅れるのお？　なんで？　祐実、英語できるんだから、ちょっとカウンター行って、きいてきてよ。

祐実：ん、わかった。

－－－－－－－－

51　咲：どうだった？
祐実：ん、なんかね。**クルーが乗ってる飛行機が、ちょっと遅れてるんだって。**
咲：えっ、どういうこと？
祐実：いや、あのね、わたしたちの飛行機のクルーは、どっか別のところからの飛行機に乗ってここに来るんだって。で、その飛行機がまだ着いてなくて、**1時間ぐらい遅れるらしい。**
咲：1時間も？　最悪！
祐実：うん…。
咲：でも、まあ、しかたないか。クルーがいないんじゃ飛ばないんだし。
祐実：うん、待つしかないよ。
咲：だね。じゃ、お茶でも飲みに行かない？
祐実：ん、そうしよっか。

52
④アナウンス：トイレ休憩は15分です。15分後にバスにお戻りください。
乗客：あの、すみません。
運転手：はい。
乗客：あの、終点の仙台まで、あとどのぐらいかかりますか。
運転手：ん、そうですねえ。**このまま渋滞とか事故がなくて、順調にいけば、あと1時間ぐらいでしょうね。**
乗客：あと1時間ですか。
運転手：ええ。
乗客：もうずいぶん遅れてますよね。
運転手：ええ。すみません。昨日の台風の影響で、高速道路の状態がよくないとこがあって、それで、一車線になってるとこがあるんですよ。
乗客：ああ、そうですか。あと、1時間ですね。
運転手：ええ、それぐらいだと思います。

53
⑤息子：ねえねえ、おばあちゃんちまであとどれぐらいかかるの？
父親：**ううん、あと30分ぐらいじゃないかな。**
息子：30分も？
父親：うん。
息子：ぼく疲れてきちゃった。もう少しスピード出してよ。高速でしょ。なんでこんなにゆっくりなの？
父親：いや、ほら、この辺、工事で制限速度60キロって書いてるから、それ守らないと。
息子：でも、ぼく疲れた。おしっこもしたいし。
父親：えっ？　もうちょっと、我慢できない？
息子：さっきから我慢してるから、もうこれ以上できないよ。できない。

母親：だから、さっき休憩したときに、おしっこ行っておきなさいって言ったでしょ。
父親：じゃ、次のパーキングエリアで停めるから、もうちょっと我慢できるか。
息子：はあい。

【 聞き取り練習Ⅱ 】

54
①ごめん。30 分ほど遅れそうなんだ。今、高速、すごく混んでて。事故のせいで一車線になっててさあ。悪いけど、会議、僕のこと待たないで先にみんなで始めといて。さっき、メッセージも送っといたんだけど、一応、電話にもメッセージ、残しておこうって思って。悪いな。

55
②ねえ。わたしだけど、大丈夫？　大型の台風が接近してて、羽田空港の発着便、全部ストップしてるって、テレビで見たんだけど？　…ああ、そうなんだ。搭乗できることになったら連絡してね。

56
③高木さん、すみません。ちょっと遅れそうなんですけど。なんか、どこかで人身事故があったのかな。とにかく、ホームに人があふれてて、なかなか電車に乗れそうにないんですよ。それで、9時半からの打ち合わせ、1時間ぐらいずらしていただきたいんですが。すみません。よろしくお願いします。

57
④あ、さとこさん、わたしです。いま、まだ山中医院にいるんですけどね、今日、とっても混んでて、いつもより時間かかっちゃって。バスで帰るって言ってたんですけど、迎えに来てくれません？　この時間帯だったら、バスも混んでて座れないかもしれないし。急で申し訳ないですけど、車出してもらえないかしら。

【 ポイントリスニング 】

58
① もうそろそろ電車が出発してもいいはずなんだけどねえ。
② 昨日このあたりで自動車の正面衝突事故がありました。
③ ただいま、大雪のため電車が不通になっております。
④ 天気予報で言ってたけど、台風が近づいてきてるらしいよ。
⑤ この道、朝と夜はいつも渋滞するんじゃないかなあ。
⑥ 今、海が荒れてて、あさってまで船は出ないということらしいですよ。
⑦ 飛行機に乗ってったほうが早くて楽なんじゃないの？
⑧ この時間だったら、車より自転車で行ったほうが早いんだって。

【重要表現】

■ 他から得た情報を伝える

59

① a) A：月曜、４限の木村先生の授業、休講らしいよ。
B：わ、知らなかった。ありがとう。

b) A：鈴木先生、出張で来週は大学に来ないとかいう話だよ。
B：やったー！　じゃ、来週の授業は休講だね。

② a) A：立川から八王子まで不通みたいですよ。
B：そうなんですか。だから、人が多いんですね。

b) A：駅のそばに、新しいショッピングモールができたって、言ってましたよ。
B：へえ、そうなんですね。今度、行ってみます？

③A：杉野さんは、今日休みですか。
B：はい、なんか頭が痛いとかって、言ってました。
A：あ、そうなんですね。わかりました。

■ 自分で判断したことを伝える

60

① 友人：もしもし、わたし。バスに乗り遅れちゃって。ゼミに５分ぐらい遅れるかも。先生に言っといてくれる？
あなた：うん、でも、先生、いつも５分ぐらい遅れてくるから、大丈夫なんじゃない？

② 友人：宮田さんも、夕飯に誘わない？　最近、全然、一緒に食べに行ってないから。
あなた：うん、一緒に行けるんならいいけど、なんか、最近アルバイトでむちゃくちゃ忙しいんじゃないかなあ。

③知らない人：ちょっと、お尋ねしたいんですが。あの、ここからＡ大学まで行きたいんですが、道、混んでそうだったら、バスじゃなくてタクシーがいいかなって思っているんですが。
あなた：そうですねえ。朝と夕方は混むんですが、昼間なら、混むことはあまりないので、バスでもいいんじゃないかと思いますよ。

④ 同僚：南さん、まだですねえ。電話はないんですが、今日も休まれるんでしょうかねえ。お子さんの熱、なかなか下がらないとおっしゃってましたし。
あなた：もしかしたら、そうかもしれないですねえ。

■ 確かな情報であることを示す／不確かな情報であることを示す

61

① a) 情報が確かだと思っている場合
同僚：来週月曜の会議、オンラインになるかもしれないって、木下さんが言ってたんだけど。何か、知ってる？

あなた：うん、山本さんも確かにそんなふうに言ってたよ。

b）**情報が不確かだと思っている場合**

同僚：来週月曜の会議、オンラインになるかもしれないって、木下さんが言ってたんだけど。何か、知ってる？

あなた：うーん、わたしはその可能性があるって聞いただけなんだけど、もしかしたら、そうなるかもね。

② a）**情報が確かだと思っている場合**

友人：真、遅いねえ。

あなた：いつも遅いから、今日も、絶対に遅れてくると思うよ。

b）**情報が不確かだと思っている場合**

友人：真、遅いねえ。

あなた：ひょっとしたら、遅れてくるかもね。この時間、JR、よく遅れるから。

③ a）**情報が確かだと思っている場合**

近所の人：上田さんち、朝から、トラックが来ていますね。

あなた：北海道に転勤だっておっしゃってましたから、きっと、今日が引っ越しなんだと思いますよ。

b）**情報が不確かだと思っている場合**

近所の人：上田さんち、朝から、トラックが来ていますね。

あなた：北海道に転勤だっておっしゃってましたから、恐らく、引っ越し、今日なんじゃないかなと思います。

LESSON 5 「そこをなんとか」― 依頼・指示 ―

【聞き取り練習Ⅰ】

62

①木村：小西さん、小西さん！

小西：あっ……、木村さん。どうしたんですか。そんなに急いで。

木村：あのさ、もう、部長んとこ、書類持ってった？

小西：いいえ、これからですけど。

木村：ああ、よかった。あの、ちょっと頼みにくいことなんだけどさ。

小西：何ですか。

木村：この書類、なるだけ早く部長の確認、ほしいんだよね。

小西：はあ。

木村：最近、部長、忙しいだろ？　昨日も部長のデスク、書類の山だったしさ。

小西：ええ、そうなんですよ。最近、会議が多いですし。

木村：だろ？　それでさ、**悪いんだけど、これ上の方に置いて、早く部長の確認、もらえるようにしてくんないかな。**ちょっと、急ぎの書類でさあ。

小西：ええ。まあ、できないことはないですけど。そういう注文、多いんですよ。

木村：**そこをなんとか頼むよ。**今度できたフレンチレストランのランチ、おごるからさあ。

小西：ううん。**じゃ、さりげなく、上の方に出しときますね。**

木村：うん、助かった。恩にきるよ。

🔊63

② 店長：おはようございます。

従業員：おはようございます。

店長：みんな、そろってますね。じゃ、朝のミーティング始めます。ええ、いつも皆さんに、お願いしていることですが、お客さんに、**元気よくあいさつをする。ニコニコ笑顔を忘れない。**ええ、それから、お客さんのオーダーは大きい声で繰り返す。この、オーダーの繰り返し、できてない人を最近見かけます。注意すること。ええ、それから、厨房の方なんですが、先月、水道代が12万ちょいかかってます。その前の月は、10万円弱だったのが、先月は急に高くなってました。これ、去年の同じ月と比べてみても、ちょっと、高すぎるなあ、という状況です。で、**水の節約に心がけてください。**いつも、水を流しっぱなしにしないようお願いしますよ。ええ、わたしの方からは以上です。皆さんの方から、何か連絡事項はありますか。

木下：あ、店長。いいですか。

店長：じゃ、木下さん、お願いします。

木下：はい。お客様のお手洗いの点検なんですけど…

🔊64

③富岡(店の人)：もしもし、富岡自動車です。

杉山：あ、もしもし。

富岡：はい。

杉山：あのう、杉山ですけど。

富岡：ああ、杉山さん、いつもお世話になってます。

杉山：ええ、こちらこそ。あのう、今、車検お願いしてますよね。

富岡：ええ、ええ。

杉山：あれ、何日にできるって言ってましたっけ？

富岡：ああ、えっとねえ。ちょっとお待ちください。

杉山：はいはい。

富岡：ええ、杉山さん、杉山さん、ああ、ありました。土曜日の昼に上がることになってますけど。

杉山：あ、やっぱり。そうですよね。わたしも、土曜日の昼だったなあと思って。

65 で、あの、無理をお願いするんですが。

富岡：ええ。

杉山：あのう、**金曜日の朝、10時ごろまでに、なんとかなりませんか。**

富岡：ああ、**金曜日の10時ですか。いや、ちょっと、きついっすね。**あの、代車お貸ししてますよね？

杉山：ええ。でも、あれ、ちょっと、あの、冷蔵庫を運ばなくちゃいけなくって。お借りしてるの、セダンですから。

富岡：あ、じゃあ、小さいトラックにかえましょうか。

杉山：え、できます？

富岡：はいはい。今日からでもできますよ。

杉山：ああ、それ、それ、助かります。じゃ、あの、今から借りに伺いますので。

富岡：はい、お待ちしてます。車検のとおんなじタイプのでいいっすか。

杉山：ああ、それで結構です。お願いします。

富岡：じゃ、承知しました。

杉山：はい。

66

④さくら：あ、美月だ。はいはい、美月、なあに？

美月：あ、さくら、ねえ、勉強はかどってる？

さくら：ん、いまいち……。それがね、今朝から、おなかの調子、よくなくって、ずっとトイレに行きっぱなしなんだ。

美月：ええ、どうしたの？　明日の試験のこと、緊張してんの？

さくら：まさかあ、そんなんじゃなくて。昨日、食べた物にあたったのかなって。

美月：ええ？

さくら：ごはんがちょっと変な臭いしてたんだけど、ま、いいっかって思って、そのまま食べたからかな。

美月：それって食中毒かも。危ないんじゃない？　お医者さんに行った？

さくら：ううん。薬飲んだらだいぶましになったから、行ってない。

美月：えー、診てもらったほうがいいよ。

さくら：ん…、そっかな…。わかった。で、何？　何か用があったんじゃない？

67 美月：あ、そうなんだけど。あのさ、あたし、昨日経済学のゼミ、休んだでしょ？　**プリント見せてもらいたいなあって思ってたんだけど。**それと、一緒にテスト勉強しないかなって。

さくら：あ、そっか。

美月：**でも、いいよ。誰か他の人、探してみるから。**

さくら：ごめん。

美月：いいよいいよ、気にしないで。それより、お医者さんに早く行ったほうがいいよ。一人で行ける？　連れてってあげよっか。

さくら：ああ、大丈夫。一人で行けると思うから。

美月：そう。じゃ、また、電話するね。

さくら：うん、じゃあね。

美月：お大事に。

さくら：うん、ありがとう。

美月：じゃあね。

さくら：バイバイ。

68

⑤ 教師：ええ、では、最後に、学期末のレポートの提出方法について説明します。まず、レポートのテーマですが、二つ出しますので、どちらか選んで書いてください。一つ目は、企業が海外進出したときに成功する条件。もう一つは、ベンチャーが成功する条件。この二つです。レポートの長さですが、A4 サイズで 10 枚程度でお願いします。

学生 1：あの、表やグラフも入れて 10 枚ですか。

教師：ええ、表やグラフは別にして、本文だけで 10 枚ぐらいです。ええ、それから、書式ですが、横 35 文字、縦 40 行で。で、これ、大切な注意点なんですが、引用するときは、必ず本の題名とページを明記すること、他の人の文章を自分のもののように書かないように。また、当たり前のことですが、人のレポートも写さない。これらの行為が確認された場合は、今学期取ってる科目の単位がすべてゼロとなりますので、十分気をつけてください。ええ、それから、レポートの締め切りは、7 月 20 日です。

学生 2：何時までですか。

教師：お昼の 12 時までです。ええ、午後の提出は受けつけません。教務課の前にある「提出ボックス」に入れてください。**メールでの提出はしないようにお願いします。** はい、他に何か質問ありませんか。なかったら、今日の授業はこれで終わります。

【聞き取り練習 II】

69

司会：皆様、本日はお忙しい中、お集まりいただきありがとうございます。私、河内市役所の竹内と申します。ええ、本日は、先月私どもが行いました「地域住民の助け合い」に関するアンケートにお答えいただいた皆様にお越しいただいています。ありがとうございます。ええ、昔ながらの近所づきあいというものが薄れ、簡単なことでもご近所さんに頼むことが難しくなっている中、地域住民の方が、どのような支援を必要とされているか、皆様から具体的なお話をうかがい、地域住民の方々が気軽に助け合えるネットワークを作りたいと思っております。本日は、アンケートにお書きくださった内容をもとに、意見交換をしたいと思います。どうかよろしくお願いいたします。

参加者：よろしくお願いいたします。

70

①司会：では、まず、ええと…井上さん、よろしいですか。

井上：はい。

司会：井上さんは、「家の中の小さなことを助けてもらえるとありがたい」と書いておられますが、具体的にはどういったことでしょう。

井上：あの、わたし、去年主人が亡くなったんですが、もう何十年もずっと家の中のことは全部主人任せだったんですよ。そんな生活だったんで、今電球が切れたり、棚がぐらぐらしたりしても、自分では直せなくて…。なので、そういうときに、「ちょっとうちに来て直してもらえない？」って頼める若い人がいてくれるとありがたいですね。

司会：なるほど。

井上：いえね、頼んだら来てくれる人はいるんですよ。でも、みんなわたしと同じような年なんで…、車にも乗らないし、来てもらうだけでも大変なんですよ……。それにね、頼んで来てもらったことはあるんですけど、高い所に上ったり、重い物持ったりするの、危ないでしょ？　ケガさせちゃったらね…。でも、若い人なら、簡単にできるじゃないですか、そういうこと。

司会：そうですね。

71

②司会：ええと、では、次、遠藤さんにおききします。

遠藤：あ、はい。

司会：ええと、遠藤さんは、「簡単にできる料理を教えてほしい」と書かれていますが…。

遠藤：はあ…。実は、わたし、独りもんなんですけど、で、定年までは毎日外食で、あんまり健康的な食生活を送ってこなかったんですよ。でも、定年になって時間もできたし、自分が食べる物ぐらいは自分で作りたいなと思ったんですよね。いや、それというのも、血圧が高くて、医者に外食はあんまりしないようにとも言われてまして…。

司会：ああ、そうですか。

遠藤：でもね、料理なんてしたことなかったんで、作れるわけないじゃないですか。それに、知り合いって言えば、みんなわたしみたいに料理ができないのばかりで、教えてもらうこともできないし。で、「男の料理教室」とかに行ったりしたんですけどね、いや、これがだめで…。料理教室は、先生の説明も早いし、言われたようにてきぱきできないし。で、わからないって言うと、先生がこれはこうするんです、って自分でやっちゃうんですよね。

司会：はあ。

遠藤：ああいうのは、本当にわたしみたいに経験ゼロの人向けじゃないですね。それに、自分のうちの台所とは違うじゃないですか。だから、結局、うちに帰っておんなじことをしようとしてもうまくいかなくて…。なので、うちに来て、うちの台所で料理を教えてくれるような人がいたら、作れるようになるのになあって思ってるんですよね。いや、教えてもらうのはグループでもいいんですよ、例えば、何人かのうちで順番に教えてもらうとかってのもありかなって。

司会：なるほど。

遠藤：とにかく、普通にスーパーで買える材料と、家にある調味料で、簡単にできる料理が習いたいんですよねえ。

72

③ 司会：ええと、では、次は…、あ、そちらの藤谷さん、お願いします。

藤谷：あ、はい。

司会：藤谷さんは、「駅までの足」とお書きですが…。

藤谷：はい。わたし、免許持ってないんですよ。自転車も乗れなくて。それで、いつもバスなんですけど、今年から、わたしが住んでるあたり、昼間のバスの本数が、すっごく減っちゃたんですよね。去年までは１時間に１本はあったんですけど、今は時間帯によっては２時間に１本とかになってて。

司会：そうなんですよね。あのへんは大変ですよね。

藤谷：ええ、時間がある時や、調整できる時はいいんですけど、急に保育園から、子どもが熱出したので迎えに来てくださいって言われた時なんかは、次のバスまで待てなくて。で、どうしようもない場合は、今はタクシー使ってるんですけど、毎回タクシーってわけにもいかないじゃないですか。

司会：ええ。

藤谷：なので、もしそういう時に車を出していただけるとか、ついでの時に助けていただけたら、本当にありがたいです。

司会：うーん、そうですねえ。今、周りにはそういうこと頼める方、おられないんですね。

藤谷：いえ、いないわけじゃないんですけど、知り合いも、みんなそれぞれに育児とか親の介護とかが大変で頼みにくいんですよね。なので、気軽に頼めるネットワークがあれば、本当に助かります。

参加者：そうですよね。

【 ポイントリスニング 】

73

① 父親：昨日の雨で川の水が増えてて危ないから、川の近くで遊ぶんじゃないぞ。

子ども：はあい。

② ちょっと聞き取りにくいんですが、もう少し音量上げてもらうこと、できますか。

③ 早く元気になりたいんだったら、お酒はできるだけ飲まないようにしてください。

④ これ、100枚コピーしてもらっていいかなあ。

⑤ 留守の間、うちの犬を預かっていただきたいんですけど。

⑥ お母さん、悪いけど、これ明日までに洗っといて。

⑦ 明日の予約の時間を1時間遅くしていただけると、本当にありがたいんですが。

⑧ 締め切りは厳守すること。締め切りを過ぎてからの申し込みはできませんので、注意してください。

【 重要表現 】

■ 依頼をする

A. 依頼をする

74

①A：ね、昨日の授業のノート、今持ってたら見せてほしいんだけど。

B：あ、いいよ。はーい。

②A：あのさ、悪いんだけど、統計学のノート、見せてもらうのって、可能？　試験勉強してるんだけど、ところどころ抜けてるところがあって。

B：統計学？　うーん、悪いけど、今日持ってないし、あしたは学校に来ない日なんだよね。

③A：そこをなんとか頼むよ。今晩アパートまで行くからさ。

B：う…ん、ならいいよ。

④A：もしもし、あの、来週水曜日の6時に予約をお願いしている丸岡ですが…。

B：はい、丸岡様。お電話ありがとうございます。

A：実は、急用が入ってしまったので、予約、1時間後ろにずらしていただくこと、可能でしょうか。

B：ええと、7時に変更ということですね…。はい、かしこまりました。

⑤A：もしもし、あの、今日の5時に予約を入れてます矢口ですが…。

B：はい、矢口様。

A：あのう、大変申し訳ないんですが、急な仕事が入ってしまって、5時に行けそうにないんですけど、6時に変更してもらってもいいですか。

B：6時ですか…。6時はもう予約が入ってまして。

⑥A：あ…、やっぱりだめですか。30分でもいいので、後ろにずらしていただけるとありがたいんですが。

B：30分ですか…。じゃ…5時半までにはいらしてくださいね。

B. 前置きをしてから依頼をする

75

①A：ね、今、ちょっといい？
B：うん、何？
A：トイレの水が止まらないんで、ちょっと見てほしいんだけど。
B：えっ、うん、いいよ。わかった。

②A：あの、今、ちょっとよろしいですか。
B：ええ。
A：あの、プロジェクトのプレゼン資料のドラフトができたんですけど、見てもらってもいいですか。
B：ええ、ただ、今から会議なんで、終わってからでもいいですか。

③A：あのさ、ちょっと頼みたいことがあって。
B：うん、何？
A：きのうベッドを買ったんだけどさあ、週末、組み立てるの、手伝ってもらえないかな。
B：うん、土曜日ならいいよ。

④A：あ、井上さん、おはようございます。
B：あ、おはようございます。
A：あの、井上さん……、実は、こんなことお願いするのは申し訳ないんですが、来週のゴミ当番、かわっていただくこと、可能でしょうか。前の日から一泊、熊本への出張が入ってしまって。
B：あ、来週ですか？　ええ…、いいですよ。

■ 依頼を引き受ける

A. 依頼を引き受ける

76

①　同僚：あの、村田さん、わたし、奥の部屋で作業してるんで、部長が戻ったら教えてもらえますか。
あなた：はい、わかりました。

② a）快く引き受ける場合
友人：ね、ね、エリカ。あたし今日スペイン語のクラスに行けないんで、この宿題、先生に出しといてもらってもいい？
あなた：うん、オッケー！　まかしといて。

b）しかたなく引き受ける場合
友人：ね、ね、エリカ。あたし今日スペイン語のクラスに行けないんで、この宿題、先生に出しといてもらってもいい？
あなた：う…ん、いいけど…。

③ a）快く引き受ける場合

バイト仲間：な、加藤。俺、今日ちょっと早く上がりたいんだけど、店の鍵、頼める？

あなた：おう、了解。

b）しかたなく引き受ける場合

バイト仲間：な、加藤。俺、今日ちょっと早く上がりたいんだけど、店の鍵、頼める？

あなた：ああん？　まあ、いいけど、今日何かあんの？

④ a）快く引き受ける場合

同僚：中尾さん、あしたからニュージーランドに出張ですよね？　ハチミツ、買って来てもらってもいいですか。

あなた：あ、いいですよ。

b）しかたなく引き受ける場合

同僚：中尾さん、あしたからニュージーランドに出張ですよね？　ハチミツ、買って来てもらってもいいですか。

あなた：あ、ええ…、ただスケジュールがタイトなんで、買いに行けるかどうか、ちょっとわからないんですけど。

B. お礼を言う

77

①　先生：今月末が締め切りですね。わかりました。書いておきます。

あなた：ありがとうございます。よろしくお願いいたします。

②　友人：じゃ、俺、今日はこれで帰るわ。また来週。

あなた：おっ、サンキュ。おかげで助かったよ。

■ 依頼を断る／依頼をあきらめる

A. 依頼を断る

78

①　友人：あ、休みに実家に帰んの？　なら、名古屋のきしめん、買って来てもらえない？　テレビで見て、食べたいなって思ってたんだよね。

あなた：ごめーん、ちょっと無理かも。今回実家から持って帰って来る荷物、多いんだ。ごめん。

②近所の人：ね、沢田さん、沢田さんって中国語がおできになるんですよね？　わたし、来月北京に行くんですよ。簡単な会話、教えてもらえません？

あなた：あっ、中国語ですか…。すみません、最近仕事が忙しくて、時間作れるかどうかちょっとわかんないんですけど…。

③　同僚：あのう、これ、あしたのミーティングの資料なんですけど、帰るまでに見といてもらえますか。

あなた：えっ、帰るまでですか。今日は５時には会社出たいんで、あしたの朝一じゃだめですか。

④クラスメート：ね、阪本さんのお兄さんって、すっごいピアノ、うまいんでしょ？　わたしの結婚式の披露宴で、ちょっと弾いてもらうのって無理かな。
あなた：ピアノ？　うーん、ちょっと難しいかも。うちの兄貴、あんまり人前で弾くの、好きじゃないって言ってたから。

B. 依頼を断る／断られてあきらめる

79
①ルームメート：な、土曜日、自転車借りられる？
あなた：土曜日？　うーん、土曜日はちょっと無理かも。ごめんね。
ルームメート：そっか、わかった。大丈夫、気にしないで。

②　同僚：中野さん、今ちょっといいですか。この英文、日本語にどう訳したらいいかわからなくて。ちょっと助けてもらえるとありがたいんですが。
あなた：今からですか。すみません、今から打ち合わせが入ってて。
同僚：あ、そうですか。大丈夫です。なんとかなると思いますから。

■ 指示する

80
①　a) どうぞお座りください。
②　a) よくわからなかったので、もう一度説明していただけませんか。
③　b) こちらの質問用紙にご記入ください。
④　a) その箱は、奥の部屋にお願いします。
⑤　b) ２番線、ドアが閉まります。ご注意ください。

LESSON 6 「今もらえないと、困るんだけどね」― 文句・苦情 ―

【聞き取り練習Ⅰ】

81
①乗客：おいおい、ちょっと。
駅員：あ、はい。
乗客：**新幹線、いったいいつになったら、来るんだ。**
駅員：あ、あの、おそらく、あと１、２時間後ぐらいになると思うのですが。
乗客：１、２時間後?!　こっちはもう30分も待たされてんだぞ。いったいどうなってるんだ。
駅員：申し訳ございません。
82　トンネル内で何かあったらしくて、でもまだ詳しい事情がこちらにも…。

乗客：**こういうときは、ちゃんと説明してもらわないと困るんだよ。**これじゃあ、新幹線に乗る意味がないじゃないか。

駅員：本当に申し訳ございません。特急料金は、到着駅で払い戻しいたしますので。

乗客：とにかく、できるだけ早く頼むよ。大事な仕事が入ってんだから。ったく。

🔊83

②夫：あっ、あれっ？　あれ、財布が。

妻：えっ？

夫：あれ、財布が。

妻：ないの？

夫：ちょ、ちょっと、待って。あれっ？　さっきこの美術館の前で、絵はがき買って、それから…

妻：それから美術館に入っただけよ。

夫：そうだよな。いや。たしかね、このポケットに入れて、あれっ？

妻：ウエストポーチに入れたんじゃなかったの？

夫：ああ、いや、たぶん、ズボンのポケットだと思う。

妻：ジャケットの内ポケットとか、とにかく、全部見た？

夫：うん。いや、全部、全部探したけど。

妻：スリにあったんじゃない？　この美術館、けっこうスリが多いってうわさだし。

夫：あ、そう？

妻：**だから、財布はちゃんとジャケットの内側かウエストポーチの中に入れておいてって、言ってたのに。**

夫：うん。

妻：だいたい、あなた、用心が足りないのよ。

夫：いや、まあ、ね。

妻：で、いくら入ってたの？

夫：あんまり。50 ドルぐらいかな。

妻：50 ドル？　警察に届けても無駄よね。

夫：うん。たぶん、戻ってこないよ。あ、でも、クレジットカードは別にしてたから、大丈夫、うん。

妻：あっ、そう。不幸中の幸いね。

夫：うん、幸い。うん。

妻：でも、これからはちゃんと気をつけてよ。

夫：はい。

🔊84

③ホテルの人：はい、フロントでございます。

客：あのう、すみません。

ホテルの人：はい。

客：504 ですが。

ホテルの人：はい。
客：あの、シャワーが水しか出ないんですけど。洗面所のほうは、お湯が出るんですけど。それもちょっとお湯の出が悪くて。で、シャワーは水しか出てこないんですよ。
ホテルの人：申し訳ございません。
85 客：あの、シャワーのお湯が出ないの、今朝からなんですよ。今朝もフロントに電話して、直してもらうように言ったのに、**まだ直ってないっていうのは、どういうことなんですか。**
ホテルの人：ご不便をおかけして、まことに申し訳ございません。あのう、よろしければ、すぐにお部屋をかえさせていただきますが。
客：それじゃ、そうしてくださる？
ホテルの人：はい。
客：水のシャワーはもういやですから。
ホテルの人：あ、かしこまりました。それでは、ただいま、お調べいたしますので、このまま切らずにお待ちいただけますか。
客：はい。

－－－－－－－－－

ホテルの人：お客様、大変お待たせいたしました。
客：はい。
ホテルの人：お隣の 505 にお部屋をご用意いたします。30 分後にはお使いいただけるようにいたしますので。
客：じゃ、頼みますね。
ホテルの人：はい、大変ご迷惑をおかけいたしまして、申し訳ございませんでした。

86

④今井：おい、江藤。
江藤：おお。
今井：ちょっとフロント行って、空港までのリムジンバスがいつ出てるか、きいて来てくれよ。
江藤：お前やってくれよ。
今井：時間ぐらいきいて来てくれてもいいじゃん。
江藤：あ、俺、英語だめだから、お前して来て。
今井：英語だめだからって、飛行機とかホテルの予約から、電車の切符、レストランの注文まで、ずっと俺ばっかりやってるだろ。ちょっとぐらい、お前もなんかしろよ。
江藤：おお、**でも、俺ほんと英語だめなんだって。**
今井：何でもだめだめだめだめってさあ、一回ぐらい自分でやってみせろよ。**せっかく海外旅行してるんだから、自分でやらないと意味ないじゃん。**
江藤：うるせえな、ほんとに。わかったよ。じゃ、何。なんて言えばいいの？
今井：ったく、それぐらい、自分で考えろよ。
江藤：冷たいなあ。

今井：だから、もう、旅行前には少しは英語勉強したほうがいいって言っただろ。

江藤：いや、聞いてないよ、俺。

87

⑤　真野：部長、竹内部長、急いだほうが、もう…。

竹内（部長）：いや、あっちか、あっちのほうだな。いや、すまないけど、ちょっと、もうちょっと待っててくれないか。

真野：もう待てませんって。

竹内：いやいや、でも、もうちょっとだけだから。免税店で、ほら、みんなにおみやげ買っておかないと。

真野：**もうそんな時間、１分もありませんって。**

竹内：いや、あるある。

真野：もう搭乗の時間が来てるんですから。

竹内：チェックインは済ませてあるんだから、飛行機は待っててくれるって。どこにも飛んでいかないから。

真野：買い物する時間なんてもうないっすよ。**買い物なら機内ででもできるじゃないですか。**

竹内：わかった、わかったよ。じゃ、あの、あれだ、ちょっと、トイレだけ、な、トイレ。

真野：ええ、ちょっ、部長ったら。もう、早くしてくださいよ。

88

⑥店員：いらっしゃいませ。

客：あ、チケットの引き換え、お願いします。

店員：はい、ご予約の控えはお持ちでしょうか。

客：ああ、はい。

店員：お客様、これ、次の土曜日の分ですね。

客：ええ。

店員：この分のチケットは、今日の午後からしかお渡しできないことになっているんですが。

客：えっ？　電話じゃ、今日大丈夫って聞いたんですけどね。

店員：ああ、そうでしたか。でも、お引き換えは今日の午後１時からとなっておりますので。

客：いや、でもね、電話の人は、今日の午前中でも大丈夫だって言ったはずなんだけど。

店員：はあ。

客：**今、もらえないと、困るんだけどね。**

店員：そうですか。では、しばらくお待ちいただけますか。

客：ああ。

－－－－－－－－

店員：お客様お待たせいたしました。では、仮のチケットを発行させていただきますので、当日、それを直接窓口に持って行っていただけますか。

客：そしたら、入れるわけ？

店員：はい、これで、チケットと同じふうに使っていただけます。
客：あ、そう。じゃ、これでいいんだね。
店員：はい。どうも、ご迷惑をおかけして、申し訳ございませんでした。

【 聞き取り練習Ⅱ 】

89
①男性客：昨日、行ったレストランのことなんだけど。値段は高いのにサービスが悪くて、ほんとひどかったんだよ。連れて行かれた席がトイレの近くで、他にも席が空いてるのに、なんでトイレの近くにわざわざ座らせられるんだって思ったわけ。しかも、その席、隣が子連れで、こっちは静かに食事したいのに、子どもがうるさくって。それに、メニューを頼んで30分しても料理は来ないし、で、やっときた料理は冷めてるし。ウェイターは、にこりともしなくて、まだ食べ終わってない皿をさっさと片づけちゃうし、応対が最悪だったんだよ。それで、あんまり腹が立ったから、レストランの支配人を呼んで、文句を言ってやったんだ。

90
②ウェイター：昨日さあ、いやな客がいたんだよな。どうでもいい細かいことにいちいち文句言う客でさ、席がトイレに近いだの、隣の席の子どもがうるさいだの、他の席は予約席だったからさ、そこしかなくて。文句言うんだったら、予約してほしかったよなあ。料理についても文句ばっかりでさあ。一番安いコース、注文してるくせに、態度、でかいんだよ。

91
③女性客：昨日ね、レストランで食事したんだけどね。隣にむちゃくちゃ偉そうな客がいて、最悪だったんだ。子どもと一緒に行ってたんだけど、うるさいって目でにらまれるし。そんなに騒いでたわけじゃないのに。それに、ウェイターさんも、なんだかわかんないけどいろいろ文句を言われてたみたいでさ。せっかく、おいしい料理を食べに行ったのに、気分も台無しになっちゃった。

【 ポイントリスニング 】

92
① あのう、この電車、何時に出発するんですか。
② いったい、何時間待たされなくちゃいけないんですか。
③ あの、シャワーの修理をお願いしたんですが、もう使えますか。
④ テレビの修理をお願いしておいたのに、まだ直ってないってどういうことですか。
⑤ 昨日どうして連絡してくれなかったんですか。
⑥ 何時に出発するって？
⑦ これじゃあ、タクシーに乗った意味がないじゃないか。
⑧ わからないって言われても、こちらも困るじゃないですか。

【 重要表現 】

■ 文句(もんく)・苦情(くじょう)を言う

93

①あなた：あの本のことだけど、そろそろ返(かえ)してほしいんだよね。

友人(ゆうじん)：あ、ごめんごめん、明日、絶対(ぜったい)、持って来る。

② あなた：あの、すみません。ピザ、さきほど、もうすぐって言われたんですけど、いったい、あと何分ぐらい、かかるんですか。

ウェイター：大変(たいへん)、申(もう)し訳(わけ)ありません。もう一度、確認(かくにん)してまいります。

③あなた：もう、遅刻(ちこく)しないって、言ってたのに。遅(おく)れるんだったら、連絡(れんらく)ぐらいしてほしかったんだけどなあ。

友人(ゆうじん)：あ、ほんと、悪い悪い。なんか、慌(あわ)ててて。ほんと、ごめん。

④郵便局員(ゆうびんきょくいん)：すみません、まだこちらには届(とど)いていないようなんですが。

あなた：不在票(ふざいひょう)には、今日はこちらにあるって書いてあるんですけど。

郵便局員：すみません。もう一度、調(しら)べてみますので、少々(しょうしょう)お待ちくださいますか。

■ 事情(じじょう)を説明(せつめい)する・言(い)い訳(わけ)する

94

① 中村(なかむら)：もしもし、ハサンさん、今どこ？　大学のバス停(てい)に1時だったよね？

ハサン：ああ、ごめん！　すっかり忘(わす)れてた。実験(じっけん)してたんだ。ほんとごめん。

② 友人(ゆうじん)：ノート、今日、持ってきてくれた？

あなた：ああ、ごめん！

友人：ええ、また、忘(わす)れたの？

あなた：うん。かばんに入れたって思ったんだけど。ごめん。

③ 係長(かかりちょう)：明日の会議資料(かいぎしりょう)ですけど、できました？　今日締(し)め切(き)りだったと思うんですけど。

あなた：えっ、締め切り今日だったんですか。すみません、まだ半分しかできていないんです。締め切りは、明日だと思っていたものですから。

係長：え、そうなんですか。あのう、明日の会議前に目を通(とお)しておかないといけないから、急いでもらえます？

あなた：わかりました。

④近所(きんじょ)の人：あれ、今日、ペットボトルの日ですけど。

あなた：ああ、そうですか。缶(かん)の日だと思っていたんです。

近所の人：ときどき、わからなくなりますよね。

■ 非難する

95

①あなた：ゲーム、持ってきてくれた？
宮本：あっ、忘れた！
あなた：またあ？　そろそろ返してくれないと困るんだけど、あれ、弟のだから。
宮本：ごめん。明日必ず持ってくる。

②学生：あの、すみません。今週末いとこの結婚式があるので、休ませてもらってもいいですか。
店長：えっ、休みたい日は１週間前に言っといてくれないと困るんだよね。
学生：すみません。次からは気をつけます。

③客：これ、お願いします。
店員：はい。…あの、申し訳ございません。まだできてないようなんですが。
客：えー、できているはずですよね。今もらえないと、困るんですが。
店員：申し訳ございません。２、３時間後にはお渡しできると思いますので、こちらに届きましたらすぐお電話させていただきます。

④ウェイター：お待たせいたしました。
客：あの、すみません、これ、豚肉ですよね。
ウェイター：はい。
客：イカのを注文したはずなんですが。お肉は食べられないので、豚だと、困るんですが。
ウェイター：申し訳ありません。すぐに作り直します。

LESSON 7 「中華のほうがいいんじゃない？」― 提案 ―

【聞き取り練習Ⅰ】

96

①夫：な、今年の夏休みなんだけどさ。
妻：うん。
夫：**健を田舎で過ごさせようかなって思ってるんだけど。**
妻：田舎って？　誰んとこの？
夫：ほら、夏休みに、田舎で１ヶ月ぐらいホームステイするっていうプログラムがあるだろ。あれなんか、どうかなって思ってさ。
妻：ええっ、ホームステイさせるの？　１ヶ月も？

夫：うん。ほら、健は一人っ子だし、田舎だって行ったこともないだろ？　自然に触れられるし、いい思い出になるんじゃないかなって思ってさ。

妻：ああ、そうね。確かに、たくましく育ってほしいしね。

夫：だろ？

妻：**でも、まだちっちゃいし、大丈夫かな。**

夫：もう３年生だし、大丈夫だよ。

妻：そうかな。でも、やっぱり心配よ。で、あなた、なんかいいプログラム知ってんの？

夫：うん、なんか、隣の課の川村さんが、息子さんをホームステイさせたことがあって、すごくよかったんだってさ。

妻：ふうん。

夫：すごくしっかりしてきたし、何でも自分でするようになったとか言ってたよ。積極的になったって。

妻：へえ、そうなの。じゃ、川村さんにもうちょっと詳しくきいてきてよ。

夫：うん。じゃ、明日、きいてみるよ。

妻：うん。

97

②内藤：先輩、お疲れさまでした。無事終わりましたね。

清水：ああ、内藤君もお疲れ。よくがんばったね。

内藤：もう、石井先生の鋭いコメントには、冷や汗でしたよ。

清水：そうね。でも、まあ、初めての発表にしては上出来だったんじゃない？

内藤：そおっすか。あ、で、あの、来週の打ち上げなんですけど、

清水：うん。

98 内藤：ほら、駅の北側にタイ料理の店、オープンしたじゃないですか。

清水：ああ。

内藤：**あそこ、けっこういいと思うんですけど。先輩どうですかねえ。**

清水：**うん、個人的にはね、OK なんだけど、石井先生、ああいうの、だめなんだ。**

内藤：あ、ええ？　そうなんっすか。

清水：うん、なんかね、匂いが強い料理は食べられないみたい。

内藤：あ、じゃ、インドもだめ？

清水：うん。たぶんね。２年前の打ち上げでさ、そのときは、ベトナム料理だったんだけど、結局ほとんど食べなかったし。なんか、中華は好きみたいだけどね。

内藤：じゃ、どうすりゃいいのかな。

清水：ううん、**ちょっと定番すぎるかもしれないけど、「上海テーブル」にしない？**

内藤：ああ。

清水：あそこだったらいろいろメニューもそろってるし、石井先生も好きだって言ってたから。

内藤：**あ、わかりました。**じゃ、予約入れときます。

清水：うん、よろしくね。

99

③ 小坂：あ、あの、相津課長。

相津（課長）：何？

小坂：ちょっと今度の企画会議に向けて考えていることがあるんですが、聞いていただけますか。

相津：あ、いいですよ。

小坂：最近、女性向け商品の売り上げが伸びてないと思うんですけど。

相津：うん、そうですね。

小坂：もっと消費者の声を聞いてくことが大事じゃないかなと思うんです。

相津：ま、そりゃそうだけど。で？

100

小坂：これまでは商品モニターをやってましたよね。

相津：ああ。

小坂：で、いっそ、**ターゲットになる20代から30代の女性に集まってもらって、アイデアを出してもらうような場を作ったらどうかと考えているんですが、いかがでしょうか。**

相津：そうですね。**ま、生の声を聞くのは大事だと思いますけど、どうやってデータを集めるかがポイントになるんじゃないのかなあ。**

小坂：あ、はい。

相津：そこんとこを、もうちょっと詰めて、具体的な案を持ってきてくれますか。

小坂：はい、わかりました。じゃ、２、３日中にまたご相談します。

相津：うん、よろしく。

101

④子ども：いってきまあす。

母親１：あ、いってらっしゃい。気をつけてね。

子ども：はあい。

母親２：いってらっしゃい。毎日、元気ね、けんちゃんは。

母親１：ええ、あれだけが取り柄なのよ。あ、そうそう、こないだね、この近くで、高村さんの息子さんが、車にひかれそうになったって、聞きました？

母親２：ええ、聞きましたよ。怖いですよね。

母親１：ほんとに。この道、交通量が多いのに歩道がないですからね。

母親２：そうなんですよ。子どもの通学路になっているのに、歩道がないっていうのは、ちょっと問題じゃないかしら。

母親１：ええ。子どもがいるご家庭は皆さん心配してらっしゃると思うんですよ。

母親２：そうですよね。

母親１：前々からなんとかしたいとは思ってたんですけど。どうしたらいいか…。

母親２：それなら、**市役所に行って相談してみるっていうのもいいかもしれませんね。**

母親１：**あ、それいいですね。**

母親２：じゃ、二人だけでっていうのもなんだから、**近所の皆さんに声をかけてみましょうか。**

母親１：ええ、じゃ、あたし、お隣の横山さんにも話してみます。

母親２：ええ、それ、お願いします。わたしもご近所の方に言ってみます。

102

⑤ 柳田：じゃ、次のショップをどこに出すかについてですが、まず岡崎さん、お願いします。

岡崎：はい、では、ご説明させていただきます。え、うん、**大崎の駅前が有力候補として挙げられるのではないかと考えております。**まず、この地域は、競合するコーヒーショップが少ないことと、新しいオフィスビルができたところですので、ターゲットになる客層が増えることが予想されます。また、土地の価格がそこまで上がっておりませんので、コストが抑えられることも魅力ではないかと考えます。

矢口：**でも、大崎って、今出してるうちのショップからはちょっと遠いでしょ。運送コストがかかるんじゃないの？**

柳田：それから岡崎さん、その新しいオフィスビル、今いくつぐらい会社が入ってるんですか。

矢口：あ、そう言えば、あそこ、出足が鈍いって聞いたよ。

岡崎：あ、は、まあ、はい。そこんとこは、あの、まだ調査中でして。

矢口：そこんとこを、はっきりしないと、次進められないんじゃないの？　じゃ、ま、次の会議までにもう少し詰めてから、再度、検討しましょうか。ね？

柳田：そうですね。

岡崎：わかりました。

柳田：じゃ、次、佐々木さん、お願いします。

佐々木：はい。

【聞き取り練習Ⅱ】

103

①インタビュアー：えー、では、持続可能な社会を作っていくために、御社ではどのようなことをなさっているか、お聞かせ願えますか。

男性：ええと、うちは菓子メーカーなんですけど、これまでは、例えば、クッキー一枚ずつ個別包装をしてたんですけど、それだと結果的にゴミが増えますよね。プラスチックごみの問題って深刻だし、それに対する企業の社会的責任って大きいと思うんですね。それで、個別包装をやめたほうがいいっていう意見が多く出てきたので、試しにいくつかの商品で個別包装をやめてみたんですよ。

インタビュアー：ええ。

男性：ただ、個別包装をやめてしまうと、開けた後は早く食べないといけなくなりますよね…ほら、湿気っちゃうじゃないですか。それに、子どもに食べさせたり、散歩のおやつに２、３枚かばんに入れて出かけたい時に不便だから元に戻してほしいって声が、いやあ、びっくりするほど消費者から寄せられて……。なので、今はどのような折衷案が考えられるかを検討しようってことになってます。

インタビュアー：あー、そうなんですか。確かに、個別包装は便利と言えば便利ですもんね。

104

②インタビュアー：ええと、御社では、持続可能な社会を作っていくための取り組みとして、どのようなことをなさっておられますか。

女性：えー、うちは、女性社員が多いので、育児や家事と、仕事との両立が可能な、働きやすい職場づくりを目指すために、何が必要かっていう議論が少しずつ活発になってきています。

インタビュアー：それは女性社員の間で、ですか。

女性：いえ、会社全体でそういう空気が生まれていて、女性男性を問わずいろんな意見が出されてますね。例えば、まず、週のうち何日かは交替で在宅勤務ができるようにしようとか、時差出勤をもっとやりやすくしてはどうか、とか。今も時差出勤はいいことになっているんですけど、一週間前には書類を出さなくちゃいけなくて、手続きが面倒なんですよ。

インタビュアー：なるほど…。そういう意見に対して、全体的な反応はどうなんですか。

女性：うーん、悪くないと思いますよ。特にお金がかかることでもないですし…。あ、だから、例えば、社内託児所の設置を、とかいう声もあるんですけど、そっちはお金がかかることなので、実現は難しそうな感じですね。

インタビュアー：あー、なるほどね。

105

③インタビュアー：えー、そちらのお店では、持続可能な社会のために、何か取り組みをなさってますか。

女性：ええ…、始めたには始めたんですが、いやあ、なかなか難しいですね。

インタビュアー：どんなことを始められたんですか。

女性：あの、今食品ロスって大きな問題になってるじゃないですか。それで、うちの店では、消費期限が近い商品を値引きして、お客さんの目につきやすいように、店の入り口の棚に集めるのがいいんじゃないかってことで、１ヶ月ぐらい前から始めたんですよ。いえ、実は前からもそういう棚は作ってたんですけど、目につきにくかったみたいなんですよね。それで、「お買い得コーナー」っていう表示もつけて、アピールしたんですよ。

インタビュアー：ええ。

女性：でもね、これがあんまり売れないんですよねー。消費期限が切れてるわけでもないし、すぐ食べるんだったら問題ないって思いそうじゃないですか。でも、違うんですね。やっぱり、買うんだったら新しい物のほうがいいみたいなんですね。

インタビュアー：ああ、そうなんですか。わたしなんか、あんまり気にならないですけどね。

女性：ええ、わたしもですよ。でも、違うんですね、消費者の方は。なので、売れ残って廃棄処分になる食品を減らすには、もっと根本的なところから変える必要があるんじゃないかってことになって、今は仕入れの数とか頻度について社内で見直しているところなんです。

インタビュアー：うーん、なかなか難しいんですね。

【 ポイントリスニング 】

106

① 商店街の宣伝のためにラジオにコマーシャルを出してみたらどうかって思うんですけど。

② ゆっくり船で行くっていうのもいいんじゃないですか。

③ 母の日だからカーネーションっていうのもね。

④ フランス料理だとちょっと高くつくんじゃないですか。

⑤ 鎌倉は、みんな行ったことがあるかもしれないし、どうかって思うんですけど。

⑥ お寿司の出前を取るのもいいかなって。

⑦ お父さんに、おしゃれなかばんあげてもねえ。

⑧ 今すぐ決められそうにないなら、明日もう一度話し合うとかは？

【 重要表現 】

■ 提案を述べる

107

① 友人：その子とさ、毎朝おんなじバスなんだけど、何て言って話しかけたらいいと思う？
あなた：そうだな。「学校どこですか？」とか？

② 同僚：実はうちの子、週末に腕の骨、折っちゃったんですよ。で、たくさん荷物がある日は学校まで迎えに行ってやりたいって思ってるんですけど、今週、いつもより早く帰りたいって課長に言ってもいいと思います？
あなた：そうですね。いいんじゃないですか。その代わり、朝早く来て仕事を片付けるって言ってみたらどうですか。

③ 友人：な、週末何食べに行く？
あなた：うーん、駅前の本屋さんの隣にできたパスタ屋さんはどうかな？

④ 同僚：では、本日一つ目の議題になっていますコスト削減に関して、ご意見お願いします。
あなた：あのう、うちは95%が正社員ですけど、他社と比べてかなり多いと思うんです。それで、来年度の採用枠は、これまでより少なくして、代わりに派遣の人の割合を増やすのも一案だと思います。そうすれば、コスト削減にもなりますし、現場も本当に必要なスキルをちゃんと持っている派遣の方に来てもらったほうが効率もいいでしょうし。

■ 提案に賛成する

108

① 店長：ええと、電気代節約のために、常時スタッフルームの室温を27度に設定するっていうのを考えているんですけど。
従業員：はい、わかりました。

② 友人：浩美の誕生日のサプライズディナー、どこがいいかな。駅ビル3階のイタリアンとか？
あなた：あ、それ、いいね。

③ 同僚：今度のプレゼンには、社長もお呼びして、意見を聞いてもらうっていうのはどうでしょうか。
あなた：それ、いいんじゃないでしょうか。

④ 学生：プレゼンの担当だけど、俺、資料まとめるから、お前がスライド作ってくれるってのはどうかなって思って。
あなた：ああ、いいよ。了解。

■ 提案に反対する／代案を提示する／答えを保留する

A. 提案に反対する

109

① 店長：ええと、電気代節約のために、常時スタッフルームの室温を27度に設定するっていうのを考えているんですけど。
従業員：えー？　27度ってちょっと高すぎるんじゃないですか。

② 友人：浩美の誕生日のサプライズディナー、どこがいいかな。駅ビル3階のイタリアンとか？
あなた：いやあ、あそこ高いよ。予算のこともあるし。

③ 同僚：今度のプレゼンには、社長もお呼びして、意見を聞いてもらうっていうのはどうでしょうか。
あなた：そうですね。もう少し考えてみませんか。まだ社長に報告する段階じゃないような気がするんですよ。

④　学生：プレゼンの担当だけど、俺、資料まとめるから、お前がスライド作ってくれるってのはどうかなって思って。

あなた：えー、それって、俺の作業のほうが大変そう。

B. 提案に賛成できないことを示す

110

①　友人：ね、道が混むから、出発はできるだけ早いほうがいいと思うんだけど。例えば、朝の5時とか。

あなた：えー、5時？　それって早すぎない？

②部下：あのう、来場者からのアンケートなんですけど、QRコードでアクセスしてもらって、スマホで答えてもらったらどうかと思うんですが。

上司：うーん、QRコードですか。どうかなあ。このイベントのターゲットは中高年の方でしょ？　ハードル高いんじゃないかな。

③　友人：森川先生に、大学院の推薦状頼んだら、書いてくれるかな。どう思う？

あなた：いやあ、森川先生ねえ…。森川先生って授業は教えてるけど、この大学の先生じゃないから、他の先生のほうがいいかも。

④従業員：ここ、何もないからゴミが捨てられると思うんですよ。例えば、花でも置いてみるのがいいのではないかと思うんですが。花が咲いてたら、ゴミとか捨てにくいじゃないですか。

あなた：うーん、花ですか。悪くないと思うんですけど、手入れが面倒ですよね。

LESSON 8 「給料は悪くないんだけどね」— 感想 —

【聞き取り練習Ⅰ】

111

①凛：葵、新しい職場にもう慣れた？

葵：うん、慣れたと言えば、慣れたのかもしんないけど、ま、まだ2ヶ月だから。

凛：そうだよね。突然仕事辞めるって言い出して、前の会社辞めちゃったじゃない。

葵：うん。

112　凛：あの時は、辞めたらって言ったものの、内心、言わなきゃよかったかなあって、実は、思ってたんだけどね。でも、すぐに仕事見つかってよかったね。

葵：うん。あの時はありがとう。前の会社は、本当に、上司が最悪だったんだよね。**仕事できないくせに、偉そうにしてるし。**

凛：そういうのって頭くるよね。毎日愚痴ばかりだったもんね。

葵：うん。それだけじゃなくって、不景気でさあ、ボーナスも出なくなってたし。

凛：ボーナスがないなんて、悲しすぎるよね。

葵：うん。

凛：で、今度のところはどうなの？

葵：うん。今のところは、いい感じ。**みんな親切にしてくれるし、人間関係は文句なしってとこかな。**

凛：じゃ、会社、かわって正解だったね。

葵：うん、辞めようって決心して本当によかったよ。で、凛のとこは、どうなの？

凛：うち？　うちは、相変わらず。

113

② 誠：ああ、疲れた。

香里：誠、さっきから、疲れた疲れたってそればっかり。ひさしぶりのデートなのに。

誠：だって、疲れてんだから、しかたないだろ。昨日も、日曜だっていうのに、朝から仕事だったし。

香里：そんなに疲れる仕事だったの？

誠：ああ。昨日の引っ越しは、でっかい家具が多くって、んで、本も多くってさ、もう重くて重くてまいったよ。

香里：でも、仕事って言っても別に毎日じゃないでしょ。アルバイトしかしてないんだから。

誠：だから、今、仕事探してるって。

香里：じゃ、いつになったら定職に就けるわけ？　この調子じゃ、一緒に住めるのも遠い話よね。

誠：だから、今、探してるって言ってるだろ。

香里：だけど、こないだも、せっかく決まったカトウ電気の販売員の仕事、すぐ蹴っちゃったでしょ。

誠：ああ。

香里：あの仕事、続ければよかったのに。

誠：ま、あそこは、**俺も続けるべきだったかなあって思ってはいるんだけどさ。**ま、でも店長が嫌なやつだったから。

香里：でも、そんな全部がいい職場なんてないんだからさあ。

誠：もう、わかってるって言ってるだろ。

114

③山本：木下さん、営業に来て、そろそろ１ヶ月？

木下：ああ、はい、そうですね。

山本：人事と営業はずいぶん様子が違うんじゃない？

木下：ああ、そうですね。

115 山本：ま、医者ってたいがい、威張ってるしな。そういうのに、頭下げて営業するのって、最初はきついだろうけど、ま、がんばってくれよ。

木下：ええ。でも、ずいぶん、慣れました。

山本：そうか。

木下：それに、新しい薬を覚えたり、それを説明したりっていうのは、**大変っちゃ大変なんですけど、ノルマがあるわけじゃないですし。**

山本：そうだな。大きい製薬会社でノルマやめたのって、うちが初めてらしいな。

木下：へえ、そうなんですか。

山本：ん、結局、ノルマがなくても、うちの社員はちゃんと働くしな。

木下：そうですよね。みんな、よく働いてますから。

山本：うん。ま、ノルマがあると、残業をする社員が多くなって、結局、その分、会社も残業代払わないといけないし、社員の健康にも悪いし、どっちにとってもあんまりよくないってことなんだろうな。

木下：そうなんでしょうね。

山本：まあ、がんばってくれよ。

木下：ええ、ありがとうございます。

116

④妻(あかり)：ねえ、わたしと同じ年に入社した山口君知ってるでしょ？

夫：ああ、あのおやじみたいなやつな。

妻：そうそう。彼、今度、課長に昇進したんだよ。仕事できないくせに。

夫：ふうん。

妻：山口君って、難しい仕事があると、いっつもわたしに振ってくるんだから、**彼には、ほんと、まいってるのよ。**

夫：ま、そういうやつもいるよ。

妻：**わたしのほうが山口君より仕事できるのにさ、女だからってずっと昇進もないし、ほんとに腹が立つ。**

夫：でも、あかりは、事務で雇われたんだから、昇進ないのは、始めからわかってたことだろ。

妻：じゃ、仕事はコピーとか事務の仕事だけにしてほしいわ。他の会社との交渉とか、営業とか、そういう仕事もしてるのに。

夫：ふうん。じゃ、そんなに文句あるんだったら、会社辞めればいいじゃん。

妻：なんでいつも、そうなるの？　わたしは辞めるつもりないって言ってるでしょ。

夫：はいはい。

117

⑤芽依：あああ、わたしたち、いつまでコピーとデータ入力ばっかりなんだろ。

香里：そうですよね。お給料も全然上がんないですしね。

芽依：ほんと、単なるアルバイトのほうがいいかなって、最近思ってるんだけど。

香里：でも、アルバイトだったら保険とか年金とかないですよ。

芽依：けどね、給料安くて時間の融通が利かないんだったら、アルバイトのほうがよっぽどいいかなって。自由だし、年金だって、将来、ほんとにもらえるかどうかわかんないし。

香里：確かにそうですよね。わたしたちみたいな安い給料だったら、アルバイトのほうが気楽でいいかもしれないですよね。

芽依：そうだよ。あああ、**こんなんだったら、就職しなかったほうがよかったかもしんない。**

香里：でも、この会社に入んなかったら、芽依さん、杉原さんに会えなかったんですよ。

芽依：あ、そうだね。そう考えると、この会社に入ったのは正解だったってことかなあ。

香里：そうですよ。あああ、いつになったら、わたしはそういう人に出会えるんだろ。

芽依：そのうち、きっとそういう人が現れるって。香里ちゃんなら、絶対大丈夫！

香里：そうですかあ。

芽依：うん。

【聞き取り練習Ⅱ】

118

①面接官：前の会社を辞めて、ここに応募した理由を簡単に話していただけますか。

男性：はい。一番の理由は、チャレンジしたかったということです。ええ、前の会社は、業績も悪くなかったんですが、でも、若い社員が挑戦できる場所がありませんでした。なんていうか、上から言われたことをすれば、それでいいという雰囲気だったので、仕事は楽でしたが、あまりやりがいを感じることができませんでした。それで、もっと自分の力を試せる会社で働きたいと思い、御社に応募いたしました。

119

②面接官：それでは、大学時代にがんばったことと、この会社でどんなことをしたいと考えているか、話していただけますか。

学生：はい。わたしは大学で建築学科に在籍してるので、住宅の設計やデザインに大変興味を持ってます。えっと、それで、夏休みかなんかには、海外のいろんな町に出かけ、その国の伝統的な建物や目についたおもしろい建物を写真に収めたりしてました。たぶん、10カ国以上は行ったと思うんですけど、すごく勉強になりました。で、ええっと、こちらの会社でしたいことですが、御社は注文住宅を専門にしておられるということで、ユーザーさんの希望に沿った、斬新なアイデアのつまった家をデザインできればと思ってます。はい。

120

③教員：はい、それじゃ、あの、吉田さん、お願いします。

吉田：はい。ええと、はじめまして。吉田です。わたしが卒業したのは一昨年なので、2年先輩ということになるのかな。わたしも皆さんと同じ頃は就職活動でとても忙しかったことを覚えてます。えっと、わたしが就職した「ヤナギサワ」は、紳士服を主に扱ってます。で、わたしは東京本社に勤務してるんですけど、あ、だいたい新入社員は東京に配属されるんですよ。うちは、あんまり上下関係も厳しくないし、自由な社風なんですが、特に、東京の雰囲気はいいですよ。誰もが自由に意見を言えるし。ううん、それから、これは、あんまり大きな声で言えないんだけど、休みがこの業種では、取りやすい会社だと思うんですよ。やっぱ、こういうことって、皆さん気になりますよね。で、あと、それから、あの……

【ポイントリスニング】

121

① 上司は厳しいんだけど、いろいろなことを教えてくれるんで、とっても勉強になります。

② 今の会社は人間関係にも恵まれてて、居心地いいよ。

③ 残業さえなければ、今の仕事に不満はないんだけどなあ。

④ 別の会社に入ったほうがよかったかもしれないなあって思ってるんです。

⑤ 職場の雰囲気はけっこういいんです。みんな親切だし、仕事に責任を持ってるって感じなんです。

⑥ うちの会社の給料には、ほんとまいるよ。こんなに働いてるんだから、もっと上げてくれって言いたいよ。

⑦ あの時、会社を辞めないでおいて、本当によかった。

⑧ あまり文句のつけようがないですね。やりがいもあって、給料も悪くないですし。

【重要表現】

■ 状況について満足していることを述べる

122

① 友人：駅ビルん中のカフェでバイト始めたんだって？　どう？
あなた：うん、悪くないよ。時給 1500 円だし、文句なしってとこかな。

②後輩：先輩、仕事、どうですか。大変ですか。
先輩：そうね。大変っちゃ大変だけど、最近は責任のある仕事を任してもらえるようになってきて、だんだんやりがいも感じられるようになってきたかな。

③先輩：なあ、引っ越しのバイトやってるだろ？　どう？　休みとか取りやすい？
後輩：うーん、そうですね。うちは休みは取りやすいほうだと思いますよ。バイトの数が多いから、一人一人の都合とかもけっこう聞いてくれるんです。

④同僚（森広）：パクさん、部署かわって１ヶ月ですよね。どうですか。
同僚（パク）：ああ、森広さん、いい感じですよ。わたし、まだ仕事が覚えられなくてミスばっかりしちゃうんですけど、みんな優しくて、ありがたいなって思ってます。

■ 不満を述べる

123

① a) 不満な点をはっきり言う

友人：最近引っ越したんだよね？　どう？　新しいとこは？
あなた：それがね、あんまりよくなくて。壁が薄くて隣の人の声がけっこう聞こえちゃうんだよね。

b) 不満な点をはっきり言わない

友人：最近引っ越したんだよね？　どう？　新しいとこは？
あなた：うーん、まあまあかな。駅から近いのだけはいいんだけどね。

② a) 不満な点をはっきり言う

同僚：加賀さんって、いろいろ細かいと思いません？
あなた：あ、僕もそう思ってました。あそこまで細かくなければ、もうちょっと職場の雰囲気もよくなるのにって思います。

b) 不満な点をはっきり言わない

同僚：加賀さんって、いろいろ細かいと思いません？
あなた：う…ん、そうですね。シフトとか、いつも早く決めてくれるのには満足してるんですけどね。

■ 後悔していることを伝える

124

①別のバイト仲間：福井さん、自分だけ知らなかったってショック受けてたよ。
あなた：そうだよね。ちゃんと直接言っておくべきだったなあ。

② 店長：前の時に、どうしてすぐにわたしを呼ばなかったんですか。
あなた：申し訳ありません。すぐに店長にご報告すればよかったです。

③取引先：坂本さん、遅れるなら遅れると前もって連絡ぐらい入れてもらわないとこちらも困ります。
坂本：ご迷惑をおかけしてしまって申し訳ありません。何らかの方法でご連絡すべきだったと反省しています。

④ 同僚：必死でがんばったんだけど、どうしても間に合わなくて。
あなた：それならそうと言ってくれればよかったのに。今度そういうことがあったら言って。手伝うから。

LESSON 1

【聞き取り練習Ⅰ】

▶スキット①

統計	statistics	统计	통계	thống kê
配布物	handout	分发的纸质讲义，课件资料	강의자료, 유인물	tài liệu
市販薬	over-the-counter medication	非处方药	약국에서 파는 약	thuốc bán ngoài thị trường
遠慮なく～	not to feel reserved (to do sth.)	别不好意思	부담 없이, 신경 쓰지 말고	đừng ngại (làm gì)

▶スキット②

印刷	printing	印刷	인쇄	in ấn
みやこだ出版	Miyakoda Publisher	Miyakoda出版社	미야코다 출판사	nhà xuất bản Miyakoda
あいにく(席を外している)	sorry (that they are away from the desk) (expressing one's feeling that sth. is not as expected or hoped)	不巧(人不在)	공교롭게도 (자리를 비웠다)	thật không may (ai đó hiện tại đang vắng mặt) (dùng diễn tả tình trạng không thuận lợi, không đáp ứng được mong đợi của ai đó)
席を外す	to be away from the desk	离开座位	자리를 비우다	đi ra ngoài
ご用件は？	How can I help you? (lit., What is your business?)	您有什么事?	어떤 용건인가요?	Tôi có thể giúp gì cho anh/chị?
部数	number of (book) copies	(书的)册数	부수	số lượng bản in
変更	change/alter	变更；更改	변경	thay đổi
念のため	(just) in case	保险起见；以防万一	혹시 모르니까	phòng trường hợp

▶スキット③

まじ	really; serious	真的假的(表示难以置信)	진짜	thật không?
袋	bag	袋子	종이봉투	túi
ちゃんと謝る	to apologize properly	好好道个歉	제대로 사과하다	xin lỗi cho đàng hoàng

▶スキット④

担任	homeroom teacher	班主任	담임 (선생님)	giáo viên chủ nhiệm
昨夜	last night	昨晚	어젯밤	đêm qua

▶スキット⑤

外回り	working outside the office (e.g., visiting a client)	外勤	외근	đi ra ngoài làm việc (như gặp khách...)
急ぎ	something urgent	急事	급한 일	gấp
(～を)処理する	to take care of sth.	处理(～)	(～을/를) 처리하다	xử lý (cái gì đó)
はんこ	one's seal	印章	도장	con dấu
(～が)抜ける	sth. is missing	漏掉(～)	(～이/가) 빠져 있다	thiếu (cái gì)
(～と)連絡がつく	to reach sb. (e.g., by telephone)	联系上(～)	(～와/과) 연락이 되다	liên lạc được (với ai đó)
総務(課)	Division of General Affairs	总务(处)	총무(과)	Bộ phận tổng vụ

【聞き取り練習Ⅱ】

▶スキット①

留守番電話	voice mail	电话留言	음성 사서함	hộp thư thoại
(～に)接続する	to connect	连接到(～)	(～으로) 연결되다	kết nối (với ～)
発信音	beeping sound	信号声	삐 소리	tín hiệu âm thanh
さっきから	since a little while ago	从刚才开始	아까부터	từ nãy đến giờ
(～を)ちょうだい	to give to me	给我(～)	(～을/를) 주다	gọi điện cho tôi

▶スキット②

念のため	(just) in case	保险起见；以防万一	혹시 몰라서	phòng trường hợp
留守電(留守番電話)	voice mail	电话留言	음성 사서함	hộp thư thoại
山手線	Yamanote Line	山手线(日本的一条电车线路)	야마노테선(전철노선중 하나)	Tuyến Yamanote
(～が)動き出す	sth. starts moving	开始运行	(～이/가) 움직이기 시작하다	(cái gì đó) chạy lại, hoạt động lại
デスク	desk	桌子	책상	bàn làm việc

▶スキット③				
無事(に)	with no problems	顺利地(～)	무사히	suôn sẻ
チェックイン	check-in	办理入住	체크인	làm thủ tục check-in
出発する	to leave; to depart	出发;发车	출발하다	xuất phát
留守中	while one is away	离家期间	집에 없는 동안	trong lúc vắng nhà
▶スキット④				
動画	video	视频	동영상	video
▶スキット⑤				
大学に合格する	to pass an entrance examination of a university/ college	考上大学	대학교에 합격하다	đậu đại học, cao đẳng
半分(あきらめていた)	kind of (expected a bad result) (lit., gave up "a half")	一半(已经放弃了)	반은 (포기하고 있었다)	gần như là (bỏ cuộc)
(～に)受かる	to pass (an examination)	(～)合格了	(~에) 붙다	đậu (kì thi)
(～を)応援する	to encourage sb.	(为～)加油打气	(~을/를) 응원하다	khuyến khích, ủng hộ (ai đó)
近いうちに	soon	近日;用不了多久	조만간에	một ngày không xa

LESSON 2

【聞き取り練習 I】

▶スキット①				
フラワーアレンジメント	flower arrangement	插花	꽃꽂이	cắm hoa
気持ちが落ち着く	relaxing	静下心来;平静下来	마음이 차분해지다	nhẹ nhàng, thư thái
(～と)話が合う	to have things in common with sb. to talk about	聊得来	(~와/과) 이야기가 잘 통하다	nói chuyện hợp (với ai đó)
同年代	the same generation	同辈的;年龄相仿的	비슷한 나이대, 또래	bằng tuổi
陶芸	pottery	陶艺	도예	gốm sứ
(～と)話を合わす	to pretend or to make efforts to show interest in topics and/or to express common thoughts with one's counterpart in conversation	(和～)交谈:(和～)交流	(~의) 이야기에 맞추다	cố gắng tỏ ra quan tâm đến câu chuyện (ai đó) / cố gắng để nói chuyện hợp (với ai)
▶スキット②				
たいした～	special; big	大不了的	별~	to tát
フラメンコ	flamenco	弗拉明科(歌舞)	플라멩코	nhảy flamenco
発表会	recital	汇报演出;展示会	발표회	buổi phát biểu
本格的(な)	serious; full-scale	正统的;正儿八经的	본격적, 제대로	đàng hoàng, đẳng cấp
価値がある	worth	值得的;有价值的	가치가 있다	có giá trị
半分持つ	to cover half of the payment	出一半;负担一半	반을 부담하다	trả (chịu) một nửa
▶スキット③				
京料理	Kyoto cuisine	京都料理	교토 요리	món ăn Kyoto
忘年会	end-of-the-year party	年会	송년회	tiệc tất niên
(～の)都合に合わせる	to go with sb.'s schedule	配合(～的)时间安排	(~의) 스케줄에 맞추다	sắp xếp sao cho phù hợp với lịch của người khác
▶スキット④				
お義母さん	mother-in-law	岳母;婆婆	시어머니	mẹ (chồng, vợ)
化粧を落とす	to remove makeup	卸妆	화장을 지우다	tẩy trang
(～が)濡れる	sth. gets wet	(～)湿掉	(~이/가) 젖다	ướt
面倒くさい	troublesome; too much work to do sth.	麻烦	귀찮다	phiền hà
(～を)断る	to decline (e.g., invitation)	拒绝(～)	(~을/를) 거절하다	từ chối (lời mời v.v..)
適当に断る	to decline with a possible reason	随便找个理由拒绝掉	알아서 거절하다	từ chối bừa, từ chối đại
▶スキット⑤				
太り気味	to be gaining a little weight; a little chubby	感觉长胖了	조금 살이 찌다	(tình trạng) giống như đang mập lên
国際結婚	international marriage	跨国婚姻	국제결혼	kết hôn với người nước ngoài
日頃	every day; usually	平时	평소	hằng ngày

気軽に	(to do sth.) light heartedly/ with no hesitation	没有负担地；轻轻松松地	부담 없이, 편하게	thoải mái
集まり	meeting	集会	모임	họp mặt
(～に)参加する	to join (e.g., a group)	参加(～)；加入(～)	(～에) 참가하다	tham gia (đoàn thể v.v..)
強制	forcing	强制性的	강제	ép buộc, bắt buộc
【聞き取り練習Ⅱ】				
▶スキット①				
たまに	once in a while	偶尔	가끔	thi thoảng
あこがれの～	(someone) one admires	崇敬的～；憧憬的～	동경하는~	(người mà tôi) ngưỡng mộ
内心	inward thoughts or feelings; deep down inside	心里(的想法是)	내심	trong lòng
やったぞ	I did it! (expressed with joy)	好耶；太好了	해냈다	Ôi, thích quá! (diễn tả vui mừng)
▶スキット②				
しょっちゅう	very often	时不时地；经常	자주	thường xuyên
一杯	(for) a drink	喝一杯(酒)	한 잔	một ly
頻繁	very often / frequent	频繁	빈번하다	thường xuyên
つきあいが悪い	not social	不会社交；不会做人；不懂人情世故	사회생활 못하다	không thân thiện
断りづらい	difficult to decline an invitation	不好拒绝	거절하기 힘들다	khó từ chối
しぶしぶ(～する)	(to do sth.) reluctantly	不情不愿地(做某事)；勉勉强强地(做某事)	마지못해 (~하다)	miễn cưỡng (làm một việc gì đó)
▶スキット③				
気が向く	to feel like (doing sth.)	想做某事	마음이 내키다	đổi ý
しつこく(～する)	(to do sth.) persistently	纠缠不休	끈질기게 (~하다)	lì, nhây
丁重に	politely	礼貌地	정중하게	một cách lịch sự
あきらめる	to give up	放弃	포기하다	từ bỏ
すっきりする	to feel good	如释重负；爽快了	후련하다	nhẹ nhàng, thoải mái
反面	on the other hand	与之相对的	반면	ngược lại, mặt khác

LESSON 3

【聞き取り練習Ⅰ】				
▶スキット①				
兄貴	older brother	哥；大哥；兄长	형	anh ơi (anh trai)
(～を～に)こする	to rub sth. against sth. else	(～跟～)发生剐蹭	(~을/를 ~에) 긁다	cọ (chà) (cái gì vào cái gì)
(～に)傷がつく	to make a scratch (mark) on sth.	留下伤痕	(~에) 흠집이 나다	bị trầy xước
(～が)へこむ	to get dented	(～)凹陷了	(~이/가) 찌그러지다	bị móp méo
運転があらい	(sb.) who drives aggressively	开车不小心	운전이 거칠다	lái ẩu
事故る ←事故を起こす	to cause an accident	出事故	사고를 내다	gây tai nạn
満タンにする	to fill up the tank	把油箱加满	가득 채우다	đổ đầy bình
▶スキット②				
消費者	consumer	消费者	소비자	người tiêu dùng
座談会	informal gathering for discussion on problems	座谈会	좌담회	hội thảo
(～を)確保する	to secure sth.	确保(～)	(~을/를) 확보하다	chốt
(～の)反応がいい	to receive a good response (lit., response to sth. is good)	(～的)反响好	(~의) 반응이 좋다	có phản ứng tốt đẹp
ビデオを撮影する	to take a video/picture	录像	비디오를 찍다	ghi hình
募集	recruiting	招募；征集	모집	đăng tuyển
ビデオ慣れしている	accustomed to being video-taped	习惯于被拍摄；适应镜头	찍는 데 익숙하다	quen với ghi hình
肖像権	portrait rights	肖像权	초상권	quyền sử dụng hình ảnh
(～を)検討する	to consider sth.	商议(～)	(~을/를) 검토하다	xem xét, cân nhắc (một việc gì đó)
▶スキット③				
応接室	reception room	接待室	응접실, 리셉션룸	phòng tiếp khách
新規～	new	新的～	신규~	mới

モニター	monitor	监控显示器	모니터	màn hình
営業	Sales Department	销售部	영업	bộ phận kinh doanh
▶スキット④				
改まって	(to perform) politely; seriously	正经;严肃	진지하다, 무게를 잡다	(tự nhiên) lại tử tế, lịch sự
(〜が)当たる	(one's guess) is correct	说中;猜中	(~이/가) 맞히다	(suy đoán của ai đó) trúng, đúng
受験(する)	to take an entrance examination	入学考试	시험을 보다	dự thi
(〜に)身を入れる	to focus on sth.; to work hard on sth.	投身(〜);专注于(〜)	(~에) 집중하다	nỗ lực, tập trung (làm một việc gì đó)
▶スキット⑤				
返却日	return date	归还日期	반납일	ngày trả
修士論文	master's thesis	硕士论文	석사논문	luận văn thạc sỹ
(大学)院生	graduate student	研究生	(대학)원생	học viên cao học
(返却の)手続き	steps/procedure (to take in returning a book)	(归还的)手续	(반납) 절차	thủ tục (hoàn trả)
引き続き(〜する)	to continue doing sth.	接着(做某事)	이어서 (~하다)	tiếp tục (làm một việc gì đó)
閲覧のみ	reference only	仅阅读	열람만	đọc, tham khảo tại chỗ
【聞き取り練習Ⅱ】				
▶スキット①				
新入社員	newly hired employee	新员工	신입사원	nhân viên mới
有休(有給休暇)	paid holiday	带薪休假	유급휴가	ngày nghỉ có lương
入社する	to join a company; to start working at a company	进入公司	입사하다	vào công ty
常識はずれ	having no common sense	脱离常识	상식을 벗어나는	lập dị, khác thường
しぶしぶ(〜する)	(to do sth.) reluctantly	不情不愿地(做某事);勉勉强强地(做某事)	마지못해 (~하다)	miễn cưỡng (làm một việc gì đó)
▶スキット②				
時代	era; time	时代	시대	thời đại
研修旅行	training camp	进修旅行	연수여행	chuyến tham quan thực tập
目くじらをたてる	to become upset over something trivial; to blame sb. over their mistake	冲某人发火;生气	트집을 잡다	chướng mắt
▶スキット③				
定時	the time when one is assigned/expected to start/finish working; work hours (e.g., 9am to 5pm)	规定的时间点;定时	정시 출퇴근, 칼퇴근	giờ hành chính, giờ làm việc theo quy định (ví dụ từ 9am đến 5pm)
資格をとる	to get qualifications; to get a licence/certification	取得某项资格;考取某项资格	자격증을 따다	lấy bằng (chứng chỉ)
出勤する	to go to a workplace; to start working	上班	출근하다	đi làm

LESSON 4

【聞き取り練習Ⅰ】

▶スキット①				
停車(する)	(a train) stops	驻车;停车	정차(하다)	dừng tàu
放送	announcement	播报;广播	방송	thông báo
名古屋の手前	between here and Nagoya, and closer to Nagoya	在靠近名古屋的地方	나고야 못 가서	hướng Nagoya
落下物	objects fallen to the ground	坠落物	낙하물, 떨어진 물건	đồ bị rơi
ダイヤが乱れる	there are delays	时间表被打乱	(열차 등이) 지연되다	tàu bị trễ
(電車を)乗り継ぐ	to get off one train and take another train from there	换乘(别的电车)	(열차를) 환승하다	đổi tàu
▶スキット②				
踏切	railroad crossing	铁路道口	(철도) 건널목	gác chắn đường sắt
衝突事故	collision	车辆相撞事故	충돌사고	sự cố va chạm

▶スキット③				
ボード	display (lit., board)	提示板(显示屏)	전광판	bảng
カウンター	counter	服务台	카운터	quầy
クルー	crew	乘务员;机组人员	승무원	nhân viên
▶スキット④				
終点	final stop	终点站	종점	điểm dừng cuối
仙台	Sendai (name of a place)	仙台(地名)	센다이(지명)	tỉnh Sendai
順調にいく	to go smoothly; to go with no problems	顺利	순조롭게 가다	suôn sẻ
～の影響で	due to sth.	受～的影响……	~의 영향으로	do ảnh hưởng bởi ~
高速道路	highway	高速公路	고속도로	đường cao tốc
一車線(になる)	(to get reduced to) one lane	(变成)单车道	일차로(가 되다)	(giảm xuống thành) 1 làn
▶スキット⑤				
高速(道路)	highway	高速(公路)	고속(도로)	(đường) cao tốc
制限速度	speed limit	限速	제한속도	tốc độ tối đa
おしっこをする	to pee	小便;尿尿	쉬를 하다	đi tiểu (đái)
おしっこを我慢する	to hold one's bladder	憋尿	쉬를 참다	nhịn tiểu (đái)
休憩する	to rest	休息	휴식을 취하다, 쉬다	nghỉ giải lao
パーキングエリア	service area	服务区	고속도로 휴게소	trạm dừng chân

【 聞き取り練習 II 】

▶スキット①				
高速(道路)	highway	高速(公路)	고속(도로)	(đường) cao tốc
～のせいで	due to sth.	因为(不好的原因)	~때문에	vì, do ~
一車線	one lane	单车道	일차선	1 làn xe
一応	anyway; in case	姑且	일단	dù sao cũng
▶スキット②				
大型の	big (scale)	强的;大型的	대형	lớn
(～に)接近する	to approach swh.	向(～)靠近	(~에) 접근하다	đang đến gần
発着便	departure and arrival flights	起飞和降落的航班	이•착륙 비행기	chuyến bay đi và đến
(～に)搭乗する	to board on (a plane)	搭乘(～)	(~에) 탑승하다	lên (máy bay)
▶スキット③				
人身事故	accident involving a person/people	人身事故	(열차 등의) 투신 사고	tai nạn chết người
(～が)あふれる	to be filled/packed with people/things	挤满了(～);全是(～)	(~이/가) 넘치다/미어 터지다	đầy (người, vật)
打ち合わせ	preparatory meeting; briefing	开会;商讨事情	미팅, 회의	họp
1時間ずらす	to move a schedule one hour earlier/later	提前/推迟1小时	1시간 당기다/미루다	dời kế hoạch lên sớm / trễ hơn 1 giờ
▶スキット④				
医院	clinic	医院	의원	phòng khám
時間帯	(a period of) time of day	时间段	시간대	khung giờ
急で申し訳ない	sorry for sth. (notified at last minute)	抱歉这么突然	갑작스럽게 죄송하다(미안하다)	xin lỗi vì ... (nhờ vả quá gấp, vội)
車を出す	to use one's car	开车出来	데리러 오다	đánh xe đi đón

LESSON 5

【 聞き取り練習 I 】

▶スキット①				
急ぎ(の～)	(sth.) which requires an urgent response	紧急(的～)	급한~	gấp (một thứ gì đó gấp cần phản hồi sớm)
(～に～を)おごる	to buy (sb. sth. such as a meal)	请(某人)客	(~에게 ~을/를) 사다	mời (ai đó dùng bữa hay làm gì)
さりげなく	(do sth.) as if there is no intention there	不经意地	슬쩍, 티가 안 나게	vô tình làm gì giống như không biết
恩にきる	to owe sb.; to appreciate sb.	感恩在心	고맙게 생각하다	nợ ơn ai đó, biết ơn ai
▶スキット②				
(～が)そろう	(ppl.) are all gathered and present	(～)到齐	(~이/가) 모두 모이다	tất cả có mặt đầy đủ

単語表

笑顔	smile	笑脸	미소, 스마일	nụ cười
厨房	kitchen	厨房	주방	bếp
(〜の)節約	savings of sth. (e.g., water; electricity)	节约(〜)	절약	tiết kiệm (điện, nước ...)
心がける	to be mindful of sth.; to keep in mind to do sth.	记在心上	신경을 쓰다, 노력하다	để ý làm gì
連絡事項	information to share with others	要告知他人的事情	연락사항	thông tin cần chia sẻ với mọi người
▶スキット③				
車検	car inspection	车检	자동차 종합검사	đăng kiểm xe
(車検が)昼に上がる	(car inspection) will be completed around noon/in the afternoon	(车检)在中午可以完成	(검사가) 점심쯤에 끝나다	khoảng giờ trưa sẽ (đăng kiểm xe) xong
なんとかなる	there will be a way to solve a problem	有办法达成某事	어떻게 하다	có cách nào
代車	loaner car	代用车	대차	xe cho mượn lúc xe mình đang mang đi đăng kiểm
承知する	to understand	知道	알겠다	hiểu, biết
▶スキット④				
(〜が)はかどる	to make good progress on sth.	(〜)进展顺利	(〜이/가) 진척되다, (〜이/가) 잘 되다	có tiến bộ, cố gắng
(〜に)行きっぱなし	to go swh. repeatedly	一直去(〜)	자꾸 (〜에) 가다	đi đâu đó suốt, hoài
食べ物にあたる	to get food poisoning	吃坏了	뭔가를 잘못 먹다	bị trúng thực, bị ngộ độc thực phẩm
食中毒	food poisoning	食物中毒	식중독	trúng thực, ngộ độc thực phẩm
まし	better than before but still not good	(比〜)好	좋아지다	đỡ hơn
プリント	handout	分发的纸质讲义，课件资料	프린트, 강의자료	tài liệu
▶スキット⑤				
(〜の)提出	submission of sth.	提交(〜)	제출	nộp (thứ gì)
企業	corporation	企业	기업	xí nghiệp, cơ quan, công ty
海外進出	expanding (business) overseas	走出国门	해외진출	mở rộng thị trường ra nước ngoài
書式	format	格式	서식	định dạng
(〜を)引用する	to quote sth.	引用(〜)	(〜을/를) 인용하다	dẫn chứng
(〜を)明記する	to specify sth.; to put down sth. clearly	清楚地标出(〜)	(〜을/를) 표기하다	viết rõ ràng
教務課	registrar's office	教务处	교무과	phòng giáo vụ
【聞き取り練習Ⅱ】				
▶司会				
地域住民	people in the community	所属区域的居民	지역주민	cư dân trong cộng đồng
助け合い	helping/supporting each other	互帮互助	서로 돕다	giúp đỡ lẫn nhau, tương thân tương trợ
近所づきあい	interactions with one's neighbours	邻里交往	이웃관계	giao lưu với hàng xóm láng giềng
ご近所さん	one's neighbour(s)	邻里	이웃	hàng xóm
支援	support	援助	지원	hỗ trợ, giúp đỡ
気軽に	(to do sth.) light heartedly / with no hesitation	没有负担地；轻轻松松地	부담없이, 편하게	không ngần ngại
ネットワーク	network	网	네트워크	mạng lưới, hệ thống
▶スキット①				
主人任せ	relying on my husband	全交给丈夫	남편에게 맡기다	sống dựa vào chồng
電球が切れる	light bulb goes out	灯泡坏了	전구가 나가다	bóng đèn cháy
棚	shelf	架子	선반	tủ kệ
ぐらぐらする	to become wobbly	摇摇晃晃，不稳	흔들리다	khập khiễng
▶スキット②				
独りもん ←独り者	sb. living alone	独居者	혼자 사는 사람	sống một mình
定年になる	to retire from work	退休	정년퇴임 하다	về hưu, nghỉ hưu

血圧	blood pressure	血压	혈압	huyết áp
てきぱきする	to respond to / to deal with a situation without taking time	迅捷；快速；干脆利落	(동작이) 빠릿하다	làm theo răm rắp, làm ngay
▶スキット③				
(〜までの)足	method or transportation (to go swh.)	(去往〜路上的)交通	(~까지) 교통수단	phương tiện đi lại (để đi đâu)
時間帯	(a period of) time of day	时间段	시간대	khoảng thời gian trong ngày
(〜を)調整する	to arrange sth. (e.g., one's schedule)	调整(〜)	(~을/를) 조정하다	điều chỉnh
保育園	daycare	托儿所	어린이집	nhà trẻ
ついでの時に	on the way swh. (without making an extra trip)	顺便的时候	~는 김에	nhân tiện, tiện đường, tiện thể
育児	raising a child; taking care of a child	育儿；带孩子	육아	nuôi dạy trẻ
(〜の)介護	care for sb. (e.g., a parent; one who is ill)	看护；照顾	돌봄 (보통 고령자나 환자)	chăm sóc cho ai đó (như bố mẹ hay người ốm)

LESSON 6

【聞き取り練習Ⅰ】

▶スキット①				
いったい	a word expressing strong emotions such as doubt and anger	到底	대체	rốt cuộc thì ... (từ dùng diễn tả cảm xúc mạnh như giận dữ và nghi ngờ)
事情	situation; reason	情况；缘由	사정	tình hình, lý do
ちゃんと説明する	to explain in an appropriate manner	好好说明	똑바로 설명하다	giải thích rõ ràng
特急料金	express fare	特快列车的费用	특급요금	phí tàu tốc hành
到着駅	station where individuals get off the train	到达站	도착역	ga đến
払い戻し(を)する	to provide a refund	退还费用	환불하다	trả tiền lại
ったく ←まったく	a word expressing strong emotions such as anger or frustration towards sth. which one could not accept	真是的(表示埋怨)	나 참 ('まったく'의 준말)	thiệt tình (từ diễn tả cảm xúc mạnh như giận dữ hay khó chịu vì một việc gì không thể chấp nhận được)
▶スキット②				
ウエストポーチ	waist pouch	腰包	전대 가방	túi đeo (thắt lưng)
内ポケット	inner pocket	内袋	안쪽 주머니	túi trong
スリにあう	to get pickpocketed	遭贼	소매치기를 당하다	bị móc túi
うわさ	gossip	传言；谣传	소문	tin đồn
用心が足りない	careless	不够小心	조심성이 없다	bất cẩn
(〜に)届ける	to report to sb.	交给(〜)	(~에) 신고하다	báo cho ai
不幸中の幸い	It could have been worse.	不幸中的万幸	불행중 다행	còn may đấy, trong cái rủi có cái may
▶スキット③				
洗面所	a space where a sink is placed to wash hands and face (which is generally located next to the bathroom in a Japanese residence)	洗手台	파우더룸	bồn rửa mặt (dùng để rửa tay hay rửa mặt, được đặt cạnh phòng tắm trong nhà ở Nhật Bản)
お湯の出が悪い	hot water does not come out well	出热水不畅	뜨거운 물이 잘 안 나온다	không có nước nóng
(〜に)不便をかける	to cause sb. inconvenience	给(〜)造成不便	(~에) 불편을 끼치다	gây phiền phức (bất tiện) cho ai đó
かしこまりました	I understand. (honorific expression)	明白了(敬语)	알겠습니다 (정중한 표현)	Dạ vâng ạ. (khiêm nhường ngữ)
▶スキット④				
リムジンバス	limousine	客运巴士	리무진 버스	xe limousine
俺	I; me	我	나	tao
うるせえ ←うるさい	bossy (lit., noisy)	烦人；啰嗦	시끄럽다	tinh tướng (ồn, phiền)

単語表

▶スキット⑤				
免税店	duty free store	免税店	면세점	cửa hàng miễn thuế
搭乗(の)時間	boarding time	登机时间	탑승 시간	thời gian lên máy bay
(~を)済ませる	to be finished with sth.	完成(~)	(~을/를) 마치다	hoàn thành
機内	on the plane	飞机上	기내	trên máy bay
▶スキット⑥				
引き換え	issuing/receiving a ticket in exchange with a voucher	换;兑换	교환	đổi (vé)
控え	voucher	凭证;兑换券	교환권	phiếu (khuyến mãi, giảm giá, quà tặng)
~の分	one (referring to "ticket" in this conversation) for ...	~的份	~것 (여기에서는 티켓을 가리킴)	phần (ý nói "vé" trong đoạn hội thoại này)
仮の~	temporary	临时的(~)	임시~	tạm thời
(~を)発行する	to issue sth.	发行(~)	(~을/를) 발행하다	phát hành
窓口	counter; booth	窗口(服务窗口)	창구	quầy
【聞き取り練習Ⅱ】				
▶スキット①				
わざわざ	intentionally	特意	일부러	lại (cố tình, cố ý làm điều gì)
子連れ	sb. accompanied with a child	带着孩子	아이를 데려오다	dẫn theo trẻ con
冷めている	cold; no longer warm/hot enough (e.g., food; drink)	凉了的	식어 있다	nguội lạnh (thức ăn, đồ uống)
にこりとする	to give sb. a smile	面带微笑	미소를 짓다	cười với ai
さっさと	(to do sth.) hurriedly	赶紧	빨리, 서둘러서	(làm gì) nhanh lẹ
応対	way to treat sb.	接待,接待	응대	thái độ phục vụ
支配人	manager	主管	매니저	quản lý
▶スキット②				
細かいこと	small and unimportant thing	小事;细枝末节的事	사소한 것	những việc nhỏ
(~に)いちいち文句を言う	to complain about every ...	(对~)什么都要抱怨一下	(~에) 하나하나 트집을 잡다	phàn nàn về
予約席	reserved seat	被预约的座位	예약석	chỗ đặt trước
態度がでかい ←態度が大きい	rude; ill-mannered; arrogant	趾高气扬;颐指气使	거만하다	thô lỗ, trịch thượng
▶スキット③				
むちゃくちゃ~	very ... ; so ...	很;非常	굉장히, 아주	rất
偉そう(な)	arrogant; self-important	高高在上的	거만하다	ra vẻ, trịch thượng
(~を)にらむ	to glare at sb. to express their annoyance	瞪眼看;怒目而视	(~을/를) 노려보다	lườm liếc ai đó thể hiện thái độ giận dữ
騒ぐ	to make a noise	吵闹	떠들다	phá phách
台無しになる	to become ruined/spoiled	全毁了	망치다	hết ngon, mất vui

LESSON 7

【聞き取り練習Ⅰ】				
▶スキット①				
田舎	countryside; one's hometown	乡间;农村	시골	quê
自然に触れる	to spend time in nature	亲近自然	자연을 접하다	tiếp xúc với thiên nhiên
たくましい	strong-minded	强健;茁壮	씩씩하다	mạnh mẽ
ちっちゃい ←小さい	very young (lit., small)	很小;年幼	어리다	nhỏ, bé
しっかりする	to become responsible for oneself	可靠的	어른스러워지다	chững chạc
積極的(な)	(someone) driven	积极	적극적	tích cực
▶スキット②				
鋭い	insightful (lit., sharp)	尖锐的;锐利的	날카롭다	sâu sắc, sắc bén
冷や汗(をかく)	(to break out in) a cold sweat	冒冷汗	식은땀(을 흘리다)	vã mồ hôi lạnh
上出来	well-done	完成度高;不错	잘하다	tốt
打ち上げ	a party which is usually thrown to celebrate some event or project that is over	庆功会	뒷풀이	tiệc mừng (được tổ chức khi một sự kiện hay dự án nào đó hoàn thành)

個人的に	personally	就我个人来说	개인적으로	cá nhân (tôi)
定番	something usual; nothing new	普通的；惯例的；没有新意的	뻔하다, 기본적이다	thường, thông thường
▶スキット③				
企画会議	project meeting	项目会议	프로젝트 회의	họp dự án
売り上げが伸びる	sales go up	销售额增长	매출이 오르다	doanh thu tăng
消費者の声	consumers' opinions (lit., consumers' voice)	消费者的心声	소비자의 목소리	ý kiến người tiêu dùng
商品モニター	a type of survey by recruiting consumers for product sample testing and receiving feedback from them	企业向消费者发放试用样品，并收集他们反馈的一种做法	상품 모니터링	điều tra thị trường (hoạt động khảo sát ý kiến người tiêu dùng bằng việc phát mẫu thử và lấy ý kiến từ họ)
ターゲット	target	目标	타겟, 대상	đối tượng
(20)代	(20)s	20～29岁的人	(20)대	nhóm độ tuổi 20
生の声	frank opinions	在现场听到的第一手的声音，最真实的意见	실제 의견	ý kiến thực tế
(～が)ポイントになる	to become a key point	(～)是关键	(~이/가) 키포인트가 되다	điểm nhấn, điểm quan trọng
具体的(な)	specific	具体的；详细的	구체적인	cụ thể, chi tiết
▶スキット④				
取り柄	positive personal attribute	优点；可取之处	장점	biểu hiện tích cực
車にひかれる	to get run over / hit by a car	被车撞	차에 치이다	bị xe tông
交通量	traffic	车流量	교통량	xe cộ, lượng giao thông
歩道	sidewalk	人行道	보도	đường dành riêng cho người đi bộ
通学路	designated street to school	上学的路	통학로	đường dành riêng cho trẻ đến trường
(～に)声をかける	to talk to sb.	跟(～)打个招呼，说一声	(~에게) 이야기하다	gọi (hỏi) thử ai đó
▶スキット⑤				
有力候補	strong candidate	呼声高的参选项；被大力推选的参选项	유력 후보	phương án khả thi nhất
(～と)競合する	to compete with sb.	和(～)竞争	(~와) 경합하다	cạnh tranh với ai
ターゲット	target	目标	타겟, 대상	đối tượng
客層	customer segment	顾客阶层；顾客类型	고객층	tầng lớp khách hàng
コストを抑える	to lower cost	降低成本	비용을 줄이다	giảm bớt chi phí
魅力	attractive point	魅力	매력	điểm nhấn, sức hấp dẫn
運送	transportation	运输	운송	vận chuyển
出足が鈍い	to have a slow start (lit., The number of people who go to a certain destination is small.)	起步慢；状况不好(在这里指入驻的企业很少)	발길이 뜸하다	ít người đến
(～を)検討する	to consider sth.	讨论(～)；商议(～)	(~을/를) 검토하다	cân nhắc vấn đề gì
【聞き取り練習Ⅱ】				
▶スキット①				
持続可能(な)	sustainable	可持续发展的	지속 가능한	khả năng duy trì phát triển
御社	your company (honorific expression)	贵公司(敬语)	귀사	quý công ty, công ty anh (chị) (kính ngữ)
個別包装	individual packaging	独立包装	개별 포장	đóng gói riêng
試しに	on a trial basis	尝试	시험삼아	thử nghiệm
(～が)湿気る	to become stale	(～)受潮	(~이/가) 눅눅해지다	bị ẩm, ỉu
消費者	consumer	消费者	소비자	người tiêu dùng
(～から)声が寄せられる	to receive opinions from sb.	收到(～)的意见	(~에게서) 의견이 들린다	có ý kiến đóng góp từ ai đó
折衷案	compromised idea	折中的方案	절충안	phương án ổn thỏa
(～を)検討する	to consider sth.	讨论(～)；商议(～)	(~을/를) 검토하다	xem xét lại

▶スキット②				
育児	raising a child	育儿	육아	nuôi dạy con
議論	discussion	讨论	토론	thảo luận
交替で	in turns; alternately	轮流	교대로	luân phiên
在宅勤務	working from home	居家办公	재택근무	làm việc tại nhà
時差出勤	flex time	错峰上班	시차 출근	làm việc theo thời gian linh hoạt
反応	response	反响;反馈	반응	phản ứng
社内託児所	daycare located inside a company	公司内部的托儿所	사내 어린이집	nhà giữ trẻ trong công ty
▶スキット③				
食品ロス	food waste; food loss	食物浪费	식품 폐기	lãng phí thực phẩm
消費期限	expiring date	消费期限	소비기한	hạn sử dụng
値引きする	to discount	打折	할인하다	giảm giá
売れ残る	to remain unsold	卖剩下	재고	đồ ăn bán ế
廃棄処分	disposal	作废处理;废弃;丢弃	폐기처분	bỏ đi
仕入れ	stock	进货	주문, 발주	nhập vào
頻度	frequency	次数;频率	빈도	số lần

LESSON 8

【聞き取り練習 I】

▶スキット①				
内心	inward thoughts or feelings, deep down inside	心里(的想法是)	내심	trong lòng (suy nghĩ hay cảm xúc bên trong)
偉そう(な)	arrogant; bossy	高高在上的	잘난 체하다	ra vẻ, lên mặt
頭にくる	sth. makes sb. upset/mad	令人冒火	열 받다, 화가 나다	bực mình, khó chịu
愚痴	complaint	抱怨	불평, 불만, 구시렁거리다	phàn nàn, cằn nhằn
不景気	recession	不景气	불경기	thời buổi khó khăn
正解	right decision (lit., correct answer)	正确的选择;正确答案	정답	chính đáng, thích hợp
相変わらず	same as before	和之前一样;没变	항상 그렇다	không có gì thay đổi
▶スキット②				
でっかい←大きい	huge	大型的;大件的	큰, 커다란	to, lớn
まいる	to get beaten; to become exhausted	投降;被压垮	힘들다, 죽겠다	mệt lả, rã rời
定職に就く	to get a full-time job	入全职	일정한 직업을 가지다	làm việc toàn thời gian
販売員	a salesperson	销售员	판매원	nhân viên bán hàng
(仕事を)蹴る	to decline (a job offer)	拒绝(一份工作的offer)	(일을) 거절하다	từ chối (công việc)
▶スキット③				
営業(する)	to deal with clients in order to sell their products or service	销售	영업(하다)	kinh doanh (làm việc với khách hàng để bán sản phẩm hay dịch vụ của công ty mình)
人事	Division of Human Resources; HR	人事	인사	phòng nhân sự
様子	how sth./sb. is	状态;情况	분위기, 모습	không khí, tình hình
たいがい	generally; mostly	大多	대게	hầu hết, gần như
威張る	to be haughty	高傲;有架子	거만하다	kiêu căng, ngạo mạn
頭を下げる	to beg (e.g., for request, for apology) (lit., to bow one's head)	低下头;低声下气	머리를 숙이다	cúi đầu (để phục vụ hay xin lỗi khách hàng)
きつい	tough	煎熬;艰难	고되다	vất vả
ノルマ(がある)	(to have) a quota (to reach)	(有)指标	할당량	(có) mục tiêu bán hàng
製薬会社	pharmaceutical company	制药公司	제약회사	công ty dược phẩm
▶スキット④				
おやじ	middle aged man	大叔	중년 남성	lão, ông (đàn ông trung niên)
(〜に)昇進する	to get promoted to sth.	晋升(为〜)	(〜으로) 승진하다	thăng tiến, lên chức

(仕事を)振る	to pass/give work to sb.	(把工作)丢给别人	(일을) 떠넘기다	giao công việc
事務の仕事	clerical work	案头工作	사무 일	công việc văn phòng
(〜を)雇う	to hire sb.	雇用(〜)	(〜을/를) 고용하다	thuê, mướn (ai đó)
(〜と)交渉する	to negotiate with sb.	(和〜)谈判	(〜와) 협상하다	thương lượng (với ai đó)
▶スキット⑤				
データ入力	data entry	数据录入	데이터 입력	nhập dữ liệu
単なる〜	just	单纯的〜	그냥〜	đơn thuần
年金	pension	年金;社保	연금	lương hưu
融通が利く	flexible	可调整;灵活	융통성이 있다	linh hoạt
正解	right decision (lit., correct answer)	正确的选择; 正确答案	정답	quyết định đúng đắn
【聞き取り練習Ⅱ】				
▶スキット①				
(〜に)応募する	to apply for sth.	应聘(〜)	(〜에) 응모하다	nộp đơn, ứng tuyển
業績	results (in business)	业绩	업적, 실적	thành tích (trong kinh doanh)
(〜に)挑戦する	to challenge sth.	挑战(〜)	(〜에) 도전하다	thử sức (với 〜)
やりがい	worth doing sth.	成就感; 做某事的价值	보람	hứng thú, động lực
力を試す	to challenge one's skills	测试某人的能力	힘을 시험하다	thử sức mình
御社	your company (honorific expression)	贵公司(敬语)	귀사	quý công ty, công ty anh (chị) (kính ngữ)
▶スキット②				
建築学科	Department of Architecture	建筑学科	건축학과	Khoa Kiến Trúc
在籍する	to be registered as a student	在学(有学籍)	재학	đang theo học
住宅	housing; residential building	住宅	주택	nhà ở
設計	planning	设计	설계	thiết kế
(〜が)目につく	sth. draws one's attention	(〜)映入眼帘	(〜이/가) 눈에 띄다	nhìn thấy (cái gì), (cái gì) lọt vào tầm mắt
(〜を)写真に収める	to take a picture of sth.	(把〜)用照片拍下来	(〜을/를) 사진에 담다	chụp hình (thứ gì)
注文住宅	custom home	按顾客要求设计建造的房屋	맞춤 주택, 커스텀 주택	nhà thiết kế theo yêu cầu
ユーザー	user	使用者;住户	고객	khách hàng
(〜の)希望に沿う	to accommodate one's request/desire	照着(〜的)要求	희망에 맞게, 원하는 대로	đáp ứng yêu cầu (của ai đó)
斬新(な)	cutting-edge; innovative	新颖(的)	참신한	mới lạ
▶スキット③				
紳士服	men's clothing	男装	신사복	quần áo nam giới
(〜を)扱う	to deal with sth.	处理(这里指贩售)	(〜을/를) 취급하다	liên quan đến
(〜に)勤務する	to work swh.	(在〜)上班	(〜에) 근무하다	làm việc cho
(〜に)配属される	to be assigned to work swh.	分配到(〜)	(〜에) 배속되다	được phân làm ở (bộ phận 〜)
上下関係	pecking order; hierarchical relationship	阶级关系	상하관계	mối quan hệ cấp trên cấp dưới
社風	corporate culture	企业文化	회사 문화, 풍조	văn hóa công ty, không khí công ty
大きな声で(は)言えない	cannot say sth. out loud	不能说得太大声(悄悄说)	드러내 놓고 말 못하다	nói nhỏ, bật mí
業種	industry	行业	업종	ngành nghề

LESSON 1

◆ こんなとき、どう言いますか

① 友人 / 待ち合わせの時間に遅れること
② 客 / (客が) 注文していた CD
③ 友人 / 今日授業を休むこと
④ 客 / 修理が終わったプリンター
⑤ 取引先 / 新製品の価格

◆ 聞き取り練習Ⅰ

【問題 1】

	(1) 誰と誰	(2) 何について
①	ア	c
②	エ	d
③	ア	b
④	ウ	c
⑤	イ	a

【問題 2】

① b、c
② b、c、e
③ a、d
④ b、d
⑤ a、c、f

【問題 3】(解答例) ＊他の表現の解答はありません。

	何を申し出ましたか
①	リサが欠席のメールをしたことを先生に伝える
②	岸田さんに電話をかけるように神崎さんに言う
③	クリスが帰ってきたら、マシューがマンガを返しに来たことを言う
⑤	河合さんに電話をして、白川さんに連絡するように伝える

◆ 聞き取り練習Ⅱ

【問題 1】(解答例)

① すぐ女性に連絡する
② 男性のデスクにある資料を取りに行く
③ 特に何もしなくてよいが、何かあれば女性にメールか電話をする
④ 特に何もしなくてよいが、女性から動画が送られてきたらそれを見る
⑤ 特に何もしなくてよい

【問題 2】

① b
② a
③ b
④ b
⑤ a

◆ ポイントリスニング

① 今話している人　② 他の人　③ 他の人　④ 他の人
⑤ 聞いている人　⑥ 今話している人　⑦ 聞いている人　⑧ 他の人

◆ 重要表現

■ **不在であることを伝える**　[練習] 解答例は、スクリプトの 14
■ **伝言を申し出る**　[練習] 解答例は、スクリプトの 15
■ **伝言を頼む**　[練習] 解答例は、スクリプトの 16

LESSON 2

◆ こんなとき、どう言いますか

1. 誰が何をしますか。

① 鈴木さんと相手 / 一緒に映画を見に行く
② 鈴木さん / 駅まで車で迎えに行く
③ 鈴木さん / 木村さんに電話をかける
④ 鈴木さんと相手 / 日曜日ドライブをする
⑤ 鈴木さんと相手 / 遊園地に行く

2. あなたが、もし鈴木さんにこう言われたら、どう答えますか。

（解答例）

① うん、いいよ。
② ありがとうございます。お願いします。
③ うん、お願い。
④ うん、いいね。
⑤ うん、行く、行く。

◆ 聞き取り練習 I

【問題 1】

	(1) 誰と誰	(2) 何について	(3) 何に誘ったのか	(4) 結果
①	ア	e	フラワーアレンジメントを一緒に習わないか、誘った	×
②	ウ	c	妻のフラメンコの発表会に来ないか、誘った	?
③	ウ	d	京料理のお店に行かないか、誘った	?
④	イ	a	今自分が飲んでいる店に来ないか、誘った	×
⑤	オ	b	「国際結婚を考える会」に入らないか、誘った	?

【問題 2】

① c、f、g、k
② b、c、e
③ a、d、e
④ a、d、g
⑤ b、c、f、h、i

【問題 3】（解答例）＊他の表現の解答はありません。

	どのように誘いましたか
①	遥も一緒に習ってみない？　いやならいいんだけど。
②	もし興味があれば、奥さんでも誘って、見に来てくれないかなって。
③	結衣ちゃんと一緒に行きたいなって思って。
④	出て来れない？
⑤	もしご興味を持っていただけるようでしたら、ぜひ参加していただいて、ご一緒にお話でもできたら、って思うんですが。

◆ 聞き取り練習 II

【問題 1】（解答例）

① 一緒に晩ご飯を食べに行くこと　② 仕事の後に飲みに行くこと　③ 一緒に食事に行くこと

【問題 2】（解答例）

① 受けた / あこがれの先輩からのお誘いで、先週一緒に晩ご飯を食べに行ったと言っているから
② 受けた / 上司だから断りづらくて、誘われるとしぶしぶついて行くと言っているから
③ 断った /「今日は失礼します」とはっきり言ったから

【問題 3】（解答例）

① うれしいと思っている　② 迷惑だと思っている
③ いやなときもあるが、全然誘われないとさびしいと思っている

◆ ポイントリスニング

① 受けた　② 断った　③ 断った　④ まだわからない　⑤ まだわからない　⑥ 断った　⑦ 受けた　⑧ 断った

◆ 重要表現

- ■ 誘う　　[練習] 解答例は、スクリプトの 🔊28
- ■ 誘いを受ける　　[練習] 解答例は、スクリプトの 🔊29
- ■ 誘いを断る　　[練習] 解答例は、スクリプトの 🔊30
- ■ 返事を保留する　　[練習] 解答例は、スクリプトの 🔊31

LESSON 3

◆ こんなとき、どう言いますか

①

	下田さんが待つ	相手が待つ
友人に	c	a
初対面の人に	d	b

②

	加藤さんが会議室を使う	相手が会議室を使う
友人に	d	c
上司に	a	b

◆ 聞き取り練習Ⅰ

【問題 1】

	(1) 誰と誰	(2) 何について	(3) どんな許可	(4) 結果
①	エ	b	車を借りる	○
②	ア	e	動画をネットに上げる	×
③	イ	d	部屋を使う	○
④	オ	c	アルバイトをする	?
⑤	ウ	a	本を続けて借りる 辞書を借りる	○ ×

【問題 2】

① c

② a、d

③ a、d

④ a、c、f

⑤ b、c、f

【問題 3】（解答例）＊他の表現の解答はありません。

	どのように言いましたか
①	兄貴の車、使わせてもらってもいいかなあって。/ 明日だけだからさ、頼むよ。
②	それを消費者の声って感じでネットに上げたいんですが、いいですか。
③	2時間ほど、使わせてもらってもかまわない？
④	アルバイトしたいんだけど、いいかなって。/ アルバイトしようかなって思ってんだけど、させてくれるよね？ / バイト、週一日だけでもいいから、してもいいよね？
⑤	続けて借りるっていうのは、可能ですか。/ こっちの辞書なんですけど、これは借りられますか。

◆ 聞き取り練習Ⅱ

【問題 1】（解答例）

① 三日間有休を取ること　　② 研修旅行に行かなくてもいいかどうか　　③ 5時に会社を出ること

【問題 2】

① 許可を与えた　　② 許可を与えた　　③ 許可を与えた

【問題 3】（解答例）

① 入社したばかりで有休を取ることは常識はずれだと思っている

②（みんなが参加する）研修旅行に参加しないのはよくないと思うが、時代が変わったのだから、仕方がないと思っている

③ よくがんばっているから、すばらしいと思っている

◆ ポイントリスニング

① まだわからない	② 許可する	③ 許可する	④ 許可しない
⑤ 許可する	⑥ まだわからない	⑦ 許可しない	⑧ 許可する

◆ 重要表現

- **許可を求める**　［練習］解答例は、スクリプトの 43
- **許可を与える／条件を述べる**　［練習 A］［練習 B］解答例は、スクリプトの 44 45
- **許可をしない**　［練習］解答例は、スクリプトの 46

LESSON 4

◆ こんなとき、どう言いますか

① ア）a　イ）b　ウ）a　② ア）b　イ）b　ウ）a　③ ア）b　イ）b　ウ）a

④ ア）a、b　イ）a、b　ウ）b　⑤ ア）a、b　イ）a　ウ）b

◆ 聞き取り練習 I

【問題 1】

	(1) 誰と誰	(2) どこで	(3) 原因	(4) 誰から得た情報か
①	イ	d	名古屋の手前でトンネル事故があったから	他から得た情報
②	ウ	c	わからない	話している人の考え
③	エ	e	自分たちのクルーの到着が遅れているから	他から得た情報
④	ウ	a	台風の影響で、高速道路の状態がよくなくて、一車線になっているところがあるから	他から得た情報
⑤	ア	b	工事で制限速度が 60 キロになっているから	他から得た情報

【問題 2】

① b、d、f

② b、c、f

③ a、c、e

④ a、d、e

⑤ a、c、e

【問題 3】（解答例） ＊他の表現の解答はありません。

	どのように言いましたか
①	トンネル内で事故が起きたとかって、言ってましたけど。
②	今朝、この先の踏切のあたりで、車同士の衝突事故があったんですけど。/ もう 3 時間もたってるから、その事故のせいだけだとは思えないんですけどねえ。
③	クルーが乗ってる飛行機が、ちょっと遅れてるんだって。/ その飛行機がまだ着いてなくて、1 時間ぐらい遅れるらしい。
④	昨日の台風の影響で、高速道路の状態がよくないとこがあって、それで、一車線になってるとこがあるんですよ。
⑤	この辺、工事で制限速度 60 キロって書いてるから、それ守らないと。

◆ 聞き取り練習Ⅱ

【問題 1】（解答例）

	交通に関する状況	話し手はどうやって知ったのか
①	高速道路が混んでいる	高速道路を運転していて知った
②	大型の台風が接近していて、羽田空港の発着便が全部ストップしている	テレビで見た
③	（どこかで人身事故があったらしく、）人がいっぱいで電車に乗れない	電車のホームにいて知った
④	バスが混んでいて座れないかもしれない	経験上の知識で知っている

【問題 2】（解答例）

① 会議を先に始める　② 飛行機に搭乗できることになったら、そのことを連絡する
③ 9時半からの打ち合わせを1時間遅らせる　④ 病院まで車で迎えに来る

【問題 3】（解答例）

① 電話をかけた人は、今、高速道路を走っているので、確実な情報だ
② テレビで見たから、確実な情報だ
③ ホームが混んでいる原因が人身事故かどうかはわからないが、遅れることは確実だ
④ バスが混んでいるか、座れるかは電話をかけた人の推測なので、確実な情報ではない

◆ ポイントリスニング

① 話している人の考え　② 確実に知っている情報　③ 確実に知っている情報　④ 他から得た情報
⑤ 話している人の考え　⑥ 他から得た情報　⑦ 話している人の考え　⑧ 他から得た情報

◆ 重要表現

■ **他から得た情報を伝える**　［練習］解答例は、スクリプトの 59
■ **自分で判断したことを伝える**　［練習］解答例は、スクリプトの 60
■ **確かな情報であることを示す／不確かな情報であることを示す**　［練習］解答例は、スクリプトの 61

LESSON 5

◆ こんなとき、どう言いますか

① ア）d　イ）c　ウ）b　エ）a　　② ア）b　イ）c　ウ）d　エ）a

◆ 聞き取り練習Ⅰ

【問題 1】

	(1) 誰と誰	(2) 何について	(3) 依頼や指示の内容	(4) 結果
①	ウ	d	早く部長の確認をもらうように依頼した	○
②	イ	c	仕事のしかたについて（元気よくあいさつをする、笑顔を忘れない、オーダーを大きい声で繰り返す、水の節約をするように）指示をした	○
③	エ	e	車検の車を金曜の朝10時までに仕上げるように依頼した	×
④	オ	a	経済学のプリントを見せてくれるように依頼した	×

⑤	ア	b	レポートの提出方法について（A4で10枚ぐらい、書式は横35文字×縦40行にする、引用するときは必ず本の題名とページを明記する、他の人の文章を自分のもののように書かない、人のレポートを写さない、7月20日12時までに教務課の前にある「提出ボックス」に入れる、メールでの提出はしないように）指示をした	○

＊スキット②、⑤は、指示。指示の場合、指示された人が無言だと、承諾されたものと受け取られるから。

【問題 2】

① b、c　② a、c　③ a、d、e　④ b、c、f　⑤ b、d、f

【問題 3】（解答例）＊他の表現の解答はありません。

	どのように言いましたか
①	悪いんだけど、これ上の方に置いて、早く部長の確認、もらえるようにしてくんないかな。/ そこをなんとか頼むよ。
②	元気よくあいさつをする。/ ニコニコ笑顔を忘れない。/ お客さんのオーダーは大きい声で繰り返す。/ 注意すること。/ 水の節約に心がけてください。/ 水を流しっぱなしにしないようお願いしますよ。
③	金曜日の朝、10時ごろまでに、なんとかなりませんか。
④	プリント見せてもらいたいなあって思ってたんだけど。
⑤	レポートのテーマですが、二つ出しますので、どちらか選んで書いてください。/ A4サイズで10枚程度でお願いします。/ 書式ですが、横35文字、縦40行で。/ 引用するときは、必ず本の題名とページを明記すること。/ 他の人の文章を自分のもののように書かないように。/ 人のレポートも写さない。/ メールでの提出はしないようにお願いします。

◆ 聞き取り練習 Ⅱ

【問題 1】（解答例）

① 家の中の小さなこと（電球を取り替えたり、棚を修理したり）をしてほしい
② 自宅で簡単な料理の作り方を教えてほしい。グループで教えてもらうのでもいい
③ 必要な時に駅まで車で連れて行ってほしい

【問題 2】

① 知り合いに頼んで来てもらった　② 料理教室に行ってみた　③ タクシーを使っている

【問題 3】（解答例）

① 知り合いも高齢なので、来てもらうのが大変。高い所に上ったり、重い物を持ったりするのは危ない。
② 知り合いも料理ができない（から頼めない）。
③ 知り合いは育児や親の介護で忙しいので頼みにくい。

◆ ポイントリスニング

① 指示　② 依頼　③ 指示　④ 依頼（指示）　⑤ 依頼　⑥ 依頼　⑦ 依頼　⑧ 指示

◆ 重要表現

■ 依頼をする　［練習 A］［練習 B］解答例は、スクリプトの 74 75
■ 依頼を引き受ける　［練習 A］［練習 B］解答例は、スクリプトの 76 77
■ 依頼を断る／依頼をあきらめる　［練習 A］［練習 B］解答例は、スクリプトの 78 79
■ 指示する　［練習］解答は、スクリプトの 80

LESSON 6

◆ こんなとき、どう言いますか

①ア（イントネーションによりイも）　②イ　③イ　④イ　⑤ア　⑥ア
⑦イ、ウ（イントネーションによりアも）

◆ 聞き取り練習Ⅰ

【問題 1】

	(1) 誰と誰	(2) 何について	(3) 解決されたかどうか
①	エ	c	?
②	カ	d	×
③	オ	e	○
④	イ	b	×
⑤	ア	a	?
⑥	ウ	f	○

【問題 2】

①a、d、g、i
②a、d、f
③b、c、e
④b、c
⑤a、d
⑥b、c、f

【問題 3】（解答例）＊他の表現の解答はありません。

	どのように言いましたか
①	新幹線、いったいいつになったら、来るんだ。/ いったいどうなってるんだ。
②	だから、財布はちゃんとジャケットの内側かウエストポーチの中に入れておいてって、言ってたのに。
③	まだ直ってないっていうのは、どういうことなんですか。
④	時間ぐらいきいて来てくれてもいいじゃん。/ ちょっとぐらい、お前もなんかしろよ。/ せっかく海外旅行してるんだから、自分でやらないと意味ないじゃん。/ 旅行前には少しは英語勉強したほうがいいって言っただろ。
⑤	もう待てませんって。/ もうそんな時間、1分もありませんって。/ 買い物なら機内ででもできるじゃないですか。
⑥	電話じゃ、今日大丈夫って聞いたんですけどね。/ 電話の人は、今日の午前中でも大丈夫だって言ったはずなんだけど。/ 今、もらえないと、困るんだけどね。

◆ 聞き取り練習Ⅱ

【問題 1】（解答例）

①レストランのウェイターと隣の子連れの女性客　②文句を言った男性客　③昨日、隣にいた男性客

【問題 2】（解答例）

①レストランの応対がひどかったことについて（トイレの近くのうるさい場所に座らされた、料理が来るのが遅い、料理が冷めている、ウェイターの愛想がわるい）
②昨日来た客がどうでもいい細かいことにいちいち文句を言ったことについて
③レストランの隣の客が自分の方をにらんだり、ウェイターにいろいろ文句を言ったことについて

【問題 3】（解答例）

①ウェイターについて：もっと客を大切に扱うべきだと考えている
　女性客について：子どもをレストランに連れてくるべきではないし、連れてくるなら、もっと子どもをおとなしくさせるべきだと思っている

② 男性客について：客だったら何を言ってもいいわけではないと思っている
③ 男性客について：にらんだり文句を言ったりするべきではないと思っている

◆ ポイントリスニング

① 質問　② 文句　③ 質問　④ 文句　⑤ 文句　⑥ 質問　⑦ 文句　⑧ 文句

◆ 重要表現

- ■ **文句・苦情を言う**　［練習］解答例は、スクリプトの 🔊93
- ■ **事情を説明する・言い訳する**　［練習］解答例は、スクリプトの 🔊94
- ■ **非難する**　［練習］解答例は、スクリプトの 🔊95

LESSON 7

◆ こんなとき、どう言いますか

① ア) b　イ) a　ウ) b　エ) a　オ) a
② ア) a　イ) a　ウ) b

◆ 聞き取り練習 I

【問題 1】

	(1) 誰と誰	(2) 何について	(3) 提案内容	(4) 結果
①	ア	e	息子を田舎で1ヶ月ホームステイさせる	保留
②	エ	c	打ち上げをタイ料理の店でする 打ち上げを「上海テーブル」でする	反対 賛成
③	イ	a	消費者の声を聞くためにターゲットの女性に集まってもらって、アイデアを出してもらう	保留
④	ウ	b	歩道を作ってもらうために市役所に相談に行く	賛成
⑤	イ	d	次の店を大崎の駅前に出す	保留

【問題 2】

① a、d、e
② b、c
③ a、c
④ b、c、f
⑤ a、d、e

【問題 3】（解答例） ＊他の表現の解答はありません。

	どのように言いましたか
①	健を田舎で過ごさせようかなって思ってるんだけど。/ あれなんか、どうかなって思ってさ。
②	あそこ、けっこういいと思うんですけど。先輩どうですかねえ。/ ちょっと定番すぎるかもしれないけど、「上海テーブル」にしない？
③	いっそ、ターゲットになる20代から30代の女性に集まってもらって、アイデアを出してもらうような場を作ったらどうかと考えているんですが、いかがでしょうか。
④	それなら、市役所に行って相談してみるっていうのもいいかもしれませんね。/ 二人だけでっていうのもなんだから、近所の皆さんに声をかけてみましょうか。
⑤	大崎の駅前が有力候補として挙げられるのではないかと考えております。

◆ 聞き取り練習Ⅱ

【問題 1】（解答例）

① いくつかの商品で個別包装をやめてみた。

② 週のうち何日かは交替で在宅勤務ができるようにする、時差出勤を現在よりやりやすくするといった意見が出ている。

③ 消費期限が近い商品を値引きして店の入り口の棚に集めた。あまり効果がないので、現在は仕入れの数や頻度について見直している。

【問題 2】（解答例）

① 実行された / 消費者から個別包装に戻してほしいという声が多く寄せられた

② まだ実行されていない / 社内の反応は悪くない

③ 実行された / 商品はあまり売れなかった

【問題 3】（解答例）

① いい提案だと思った

② いい提案だと思っている。お金がかかる提案は実現が難しいと思っている

③ いい提案だと思った

◆ ポイントリスニング

① 提案している　② 提案している　③ 提案に対する意見　④ 提案に対する意見
⑤ 提案に対する意見　⑥ 提案している　⑦ 提案に対する意見　⑧ 提案している

◆ 重要表現

■ **提案を述べる**　［練習］解答例は、スクリプトの 107

■ **提案に賛成する**　［練習］解答例は、スクリプトの 108

■ **提案に反対する／代案を提示する／答えを保留する**
［練習 A］［練習 B］解答例は、スクリプトの 109 110

LESSON 8

◆ こんなとき、どう言いますか

① ア) b　イ) b　ウ) b

② ア) a　イ) b　ウ) b　エ) a

◆ 聞き取り練習Ⅰ

【問題 1】

	(1) 誰と誰	(2) 何について	誰が	(3) 今の仕事のどんな点について	(4) どんな気持ち
①	エ	c	葵	みんな親切で人間関係がいい	満足
②	ウ	b	女性	定職でないこと	不満
③	イ	a	部下の男性	営業の仕事がそんなに大変ではないこと	満足
④	ア	d	女性	昇進できないこと	不満
⑤	イ	a	二人	コピーとデータ入力の仕事で給料も上がらないこと	不満

【問題 2】

① b、d　② a、c　③ a、c　④ b、d、f　⑤ b、c、e

【問題 3】（解答例）＊他の表現の解答はありません。

	どのように言いましたか
①	本当に、上司が最悪だったんだよね。/ 仕事できないくせに、偉そうにしてるし。/ 不景気でさあ、ボーナスも出なくなってたし。
②	本も多くってさ、もう重くて重くてまいったよ。
③	新しい薬を覚えたり、それを説明したりっていうのは、大変っちゃ大変なんですけど、ノルマがあるわけじゃないですし。
④	仕事できないくせに。/ 彼には、ほんと、まいってるのよ。/ わたしのほうが山口君より仕事できるのにさ、女だからってずっと昇進もないし、ほんとに腹が立つ。
⑤	給料安くて時間の融通が利かないんだったら、アルバイトのほうがよっぽどいいかなって。/ こんなんだったら、就職しなかったほうがよかったかもしんない。

◆ 聞き取り練習Ⅱ

【問題 1】（解答例）

① 転職のための面接の場面　② 就職のための面接の場面　③ 後輩に自分の会社を紹介している場面

【問題 2】（解答例）

① 仕事は楽だったが、やりがいがなかった
② 10 カ国以上の国を旅行し、いろいろな国の建物を見たことが勉強になった
③ 上下関係も厳しくなく、誰もが自由に意見を言える会社だ / 休みが取りやすいところもいい

◆ ポイントリスニング

① 満足　② 満足　③ 不満　④ 不満　⑤ 満足　⑥ 不満　⑦ 満足　⑧ 満足

◆ 重要表現

■ **状況について満足していることを述べる**　［練習］解答例は、スクリプトの 122
■ **不満を述べる**　［練習］解答例は、スクリプトの 123
■ **後悔していることを伝える**　［練習］解答例は、スクリプトの 124